Birgit Ebbert

BEWEGUNGS GESCHICHTEN für Senioren

Zum Mitmachen für Aktivierungsrunden

Verlag an der Ruhr

Impressum

Titel
Bewegungsgeschichten für Senioren
Zum Mitmachen für Aktivierungsrunden

Autorin
Birgit Ebbert

Titelbildmotiv
Tücher: © lily | Fotolia.com

Illustrationen
Wenn nicht anders angegeben © Verlag an der Ruhr
Tücher im Innenteil: © Stillfx | Fotolia.com

Verlag an der Ruhr
Mülheim an der Ruhr
www.verlagruhr.de

ISBN 978-3-8346-3175-6

Printed in Germany

Wichtiger Hinweis:

Die Bewegungen in diesem Buch sind von der Autorin erprobt und vom Verlag sorgfältig erwogen worden. Nehmen Sie dennoch eine genaue Prüfung entsprechend Ihrer Situation vor und wägen verantwortungsvoll ab, welche Bewegungsanregungen Sie bei welchen Personen anwenden. Einige Anregungen können nur bei medizinischer Unbedenklichkeit angewendet werden. Die Durchführung der Bewegungsanregungen erfolgt ausschließlich in eigener Verantwortung des Anwenders.

Inhaltsverzeichnis

Inhaltsverzeichnis

VORWORT

Liebe (Vor-)Leserinnen und Leser,

Bewegung hält Geist und Körper zusammen, hören wir fast täglich. Wir sollen uns bewegen, um in jeder Hinsicht fit zu bleiben. Für die einen ist das kein Problem, sie nutzen jede Gelegenheit, um sich zu bewegen und nicht einzurosten. Für die anderen ist das leichter gesagt als getan, gerade wenn sie in ihren Bewegungen eingeschränkt sind. Und vielen steht der innere Schweinehund im Weg, weil es auf dem Stuhl oder im Sessel doch sehr gemütlich ist.
Mit den Bewegungsgeschichten in diesem Buch möchte ich anregen, Körper und Geist durch kleine Bewegungen, die im Sitzen oder auch Stehen ausgeübt werden können, zu trainieren. Dafür habe ich mich an Spiele und Übungen erinnert, an denen wir zu Hause beim Lagerfeuer oder im Partykeller bei Festen viel Spaß hatten. Und ich habe mit vielen Menschen gesprochen und Leute beobachtet – mit erstaunlichen Ergebnissen, die in meine Geschichten eingeflossen sind. Ich hoffe, Sie haben genauso viel Freude beim Vor- und Selberlesen wie ich beim Schreiben.

Herzlichst
Ihre **Birgit Ebbert**

EINFÜHRUNG

Eigentlich kennt das jeder: Nach einem Waldspaziergang ist der Kopf durchgepustet und man hat wieder Platz für neue Gedanken. Bewegung sorgt dafür, dass der Geist angekurbelt wird. Viele Menschen genießen es, sich zu bewegen, und leiden darunter, wenn ihnen die Kräfte und die Gelegenheit fehlen. Andere müssen erst ihren inneren Schweinehund überwinden, ehe sie aus dem Haus gehen, und wer das gar nicht mehr kann, wird träge und genießt es, nichts zu tun. Dabei ist es auch dann, wenn die Beine nicht mehr wollen und die Arme schwer werden, wichtig, sich zu bewegen. In dem Maße, in dem das möglich ist. Schon die Bewegung der Arme, Füße, Hände, Finger, des Kopfes oder auch des Mundes fordern das Gehirn heraus. Wenn diese Bewegungen dann noch gemeinsam mit anderen gemacht werden, gibt es viel zu lachen und dabei geraten sämtliche Gesichtsmuskeln in Bewegung.

Die Geschichten in diesem Buch sind ein Weg, sich zusammen mit anderen zu bewegen – als Ausgleich für lange Waldspaziergänge oder als Chance, den inneren Schweinehund zu überwinden. Die Geschichten können Sie zur 10-Minuten-Aktivierung, in Aktivierungs- oder Gymnastikrunden, zum Gedächtnistraining oder auch einfach zwischendurch einsetzen. In kurze Erzählungen sind Bewegungen eingebunden, die im Stehen oder im Sitzen möglich sind, sodass sich fast keiner mehr herausreden kann. Das Buch ist speziell für die Arbeit mit Senioren und Menschen mit Demenz konzipiert. Deshalb wurden die Bewegungen so ausgewählt, dass sie überschaubar und fließend sind und jeder sie seinen Fähigkeiten und Kräften entsprechend ausführen kann. Viele Geschichten werden ergänzt um Anregungen für weitere Bewegungen – zu einem Lied oder in einem Spiel.

Die Bewegungsgeschichten sorgen auf doppelte Weise dafür, dass der Geist aktiviert wird. Zum einen durch die Bewegungen, die das Gehirn herausfordern. Zum anderen werden beim Hören der Geschichten wichtige Fähigkeiten trainiert, die im Alltag in jedem Alter wichtig sind, wie die Konzentration auf den Text und den richtigen Moment, um die Bewegung auszuführen, oder auch die Merkfähigkeit, weil die Bewegungsabläufe in einer bestimmten Abfolge oder auf Signalwörter hin erfolgen. Daneben aktivieren die Geschichten aber auch die Erinnerung, gerade in Kombination mit den Bewegungen, die wieder Gedanken an selbst Erlebtes wachrufen. Doch in erster Linie sollen die Geschichten Spaß machen. Dazu ist es wichtig, dass die Vorlesenden vor der Geschichte das Prinzip erklären und auch darauf hinweisen, wo welche Bewegungen erforderlich sind.

Es gibt verschiedene Typen von Geschichten, die Sie schnell durch die Kapitelüberschriften zuordnen können.
Im ersten Kapitel finden Sie **Bewegungsgeschichten**, bei denen Vorleser und Zuhörer die gesamte Erzählung mit Bewegungen begleiten, ähnlich wie Sie das aus Liedern wie „Mein Hut, der hat drei Ecken" kennen.

Die **Geschichten über Bewegungen** können Sie zunächst vorlesen und im Anschluss daran die Bewegung nachvollziehen. Diese Geschichten eignen sich besonders für jene Zuhörer, deren Merkfähigkeit begrenzt ist, deren Erinnerung aber durch die Erzählung und die anschließende Bewegung aktiviert wird.

Die **Signalgeschichten** sind Erzählungen, bei denen die Merkfähigkeit auf die Probe gestellt wird. Hier gibt es Signalwörter, zu denen die Zuhörer jeweils vorher eingeübte Bewegungen ausführen.

In den **Geschichten mit dem Spruch** taucht innerhalb der Erzählung ein Satz mehrmals auf, zu dem eine vorgegebene Abfolge von Bewegungen gemacht wird. Mit diesen überschaubaren und sich wiederholenden Bewegungen kommen auch jene Zuhörer zurecht, die sich nicht so lange konzentrieren können.

In jedem Fall empfiehlt es sich als Vorleser, die Geschichte vorher zu lesen und sich mit den Bewegungen vertraut zu machen, um die Zuhörer nicht durch eigene Unsicherheit zu verwirren. Je nach Zielgruppe kann die Anzahl der Bewegungen leicht reduziert werden.

Ich wünsche Ihnen viel Freude bei der gemeinsamen Bewegung und in jeder Hinsicht anregende Momente bei der Arbeit mit dem Buch.

BEWEGUNGS-
GESCHICHTEN

Aufstehen am Morgen

Diese Geschichte ist so aufgebaut, dass Vorleser und Zuhörer immer wieder passende Bewegungen zum Text machen können. Um das Vorlesen zu erleichtern, sind diese Stellen farbig hervorgehoben. So können Sie die Bewegungen schnell erkennen und je nach Zielgruppe auch vor dem Lesen der Geschichte einmal mit den Senioren ausführen.

Klara schreckt aus ihrem Bett hoch und sieht sich erschrocken um.
(den Kopf abwechselnd möglichst weit nach links und rechts drehen)

In ihrem Zimmer ist es stockfinster. Verschlafen greift sie nach ihrem Wecker und prüft, wie spät es ist.
(Hand ausstrecken und vor das Gesicht ziehen)

„Sechs Uhr", murmelt sie. „Zeit, aufzustehen." Sie schlägt die Bettdecke zur Seite.
(beide Hände vor die Brust nehmen und Arme ausstrecken)

Sie wankt verschlafen ins Bad und putzt sich die Zähne.
(mit der rechten Hand wie beim Zähneputzen in leichten Auf-und-Ab-Bewegungen vor dem Mund hin- und herfahren)

Mit halb geschlossenen Augen zieht sie einen Pullover über den Kopf.
(beide Arme nach oben ausstrecken und zum Kopf bewegen)

„Wo ist denn meine Hose?“, fragt sie sich und öffnet die Schranktür.
(den linken Arm ausstrecken, heranziehen und dabei nach links bewegen)

Klara nimmt ihre Lieblingshose aus dem Schrank und geht zum Bett.
(den rechten Arm ausstrecken, heranziehen und Oberkörper nach links drehen)

Als sie sich auf das Bett setzt, um die Hose anzuziehen, fällt ihr Blick auf ihren Wecker.
(den Kopf weit nach vorne schieben und die Schultern möglichst gerade halten)

Der Wecker zeigt noch immer sechs Uhr an.
(sechs Finger hochhalten)

Klara geht in die Küche.
(die Füße abwechselnd anheben und die Schultern abwechselnd nach vorne bewegen)

Sie schaut auf die Uhr, die dort an der Wand hängt, und schüttelt den Kopf.
(den Kopf schütteln)

„Es ist ja erst drei Uhr!“, stöhnt sie. „Kein Wunder, dass ich noch so müde bin.“
Sie setzt sich auf einen Stuhl, legt die Arme auf den Tisch und schläft sofort wieder ein.
(die Arme vor dem Kopf verschränken und den Kopf darauf ablegen)

Weitere Bewegungsanregungen

Die Bewegungen zu dem bekannten Gedicht „Morgens früh um sechs“ werden während der ganzen Strophe vorgenommen. Alternativ können Sie das Lied auch vorsingen. Sie als Vorsänger sollten möglichst im Rhythmus bleiben, damit sich auch die anderen Sänger daran orientieren können.

Morgens früh um sechs

1. Morgens früh um sechs kommt die kleine Hex';
   (abwechselnd die Schultern nach vorne bewegen wie beim Gehen)

2. Morgens früh um sieben schabt sie gelbe Rüben;
   *(die linke Hand so schließen, dass der Daumen als „Rübe" oben liegt;
   mit der geschlossenen rechten Hand „darüberschaben")*

3. Morgens früh um acht wird der Kaffee gemacht;
   *(die linke Hand als „Kaffeemühle" zur Faust ballen und mit der rechten Hand
   darüber drehen wie bei einer traditionellen Kaffeemühle)*

4. Morgens früh um neune geht sie in die Scheune;
   (abwechselnd die Füße anheben wie beim Gehen)

5. Morgens früh um zehne holt sie Holz und Späne;
   *(mit den beiden Händen einen ausgedachten Holzblock halten und ihn von
   der linken Hüftseite in großem Bogen vor dem Körper zur rechten Hüftseite heben)*

6. Feuert an um elfe, kocht sie bis um zwölfe.
   *(linken Arm gerundet vor den Bauch halten, als hielte man einen Topf,
   und mit der rechten Hand darüber eine Rührbewegung machen)*

   (...)

Autor unbekannt

Einmal Prinz zu sein

Diese Geschichte ist so aufgebaut, dass Vorleser und Zuhörer immer wieder passende Bewegungen zum Text machen können. Um das Vorlesen zu erleichtern, sind diese Stellen farbig hervorgehoben. So können Sie die Bewegungen schnell erkennen und je nach Zielgruppe auch vor dem Lesen der Geschichte einmal mit den Senioren ausführen.

Bertold winkelt die Arme an und breitet seine Ellbogen aus, um Platz zu schaffen.
(Arme anwinkeln und die Ellbogen zur Seite stoßen)

Um ihn herum winken die Menschen mit den Armen.
(mit den Armen winken)

„Alaaf!", ertönt es immer wieder und Handküsse werden in die Luft geworfen.
(die Fingerspitzen zum Mund führen und die Arme ausstrecken)

Es ist Karneval in Köln und überall stehen Menschen, die singen und schunkeln.
(den Oberkörper schunkelnd hin und her bewegen)

„Komm jetzt endlich!", ruft Bertolds Frau Inge und winkt ihn zu sich.
(einen Arm halb ausstrecken, die Handfläche zeigt nach oben; die Finger wiederholt winkend zu sich klappen)

„Hier ist es gerade so schön“, entgegnet Bertold unwillig und bläst seiner Frau eine Luftschlange zu.
(den linken Daumen und Zeigefinger zu einem Kreis formen und hindurchblasen)

„Nun komm endlich! Es warten schon alle!“ Seine Frau stampft auf den Boden.
(mit einem Fuß aufstampfen)

„Guck hier, was ich dir gefangen habe!“ Bertold reckt sich und fängt einen kleinen Blumenstrauß.
(beide Arme nach vorne strecken und wieder zu sich ziehen)

Er überreicht seiner Frau die Blumen.
(die rechte Hand zu einer Faust schließen, als hielte man einen Blumenstrauß; den Oberkörper zum rechten Nachbarn drehen und den Strauß überreichen)

„Kindskopf!“, sagt Inge und schüttelt lachend den Kopf.
(den Kopf schütteln)

Bertold schiebt die Mütze auf seinem Kopf gerade.
(die linke Hand an den Hinterkopf und die rechte Hand über die Stirn halten und etwas ruckeln, als rückte man eine Mütze gerade)

Er wischt sich die lange Feder aus der Stirn, die von seiner Mütze herabhängt.
(mit der rechten Hand eine wischende Bewegung vor der Stirn ausführen)

Dann geht er mit schnellen Schritten hinter seiner Frau her.
(Füße flott bewegen, als ob man liefe)

„Da bist du ja endlich!“, empfängt ihn ein Mann und schlägt ihm auf die Schulter.
(sich selbst auf die Schulter klopfen)

Bertold grinst und boxt dem Mann spielerisch gegen den Oberarm.
(mit den Fäusten abwechselnd nach vorne boxen)

„Klettere endlich auf den Wagen, Prinz Karneval!“, sagt der Mann und verbeugt sich vor Bertold.
(eine Hand ausstrecken und sich dabei nach vorne beugen)

Bertold steigt auf den Wagen des Kölner Dreigestirns und winkt den Menschen zu.
(mit beiden Händen winken)

„Kölle Alaaf!“, ruft er immer wieder und grüßt in die Menge.
(die rechte Hand zur linken Schulter führen und dann ausstrecken)

Seine Frau Inge steht unten und schüttelt den Kopf.
(den Kopf schütteln)

Ihr Bertold ist scheinbar wirklich noch ein Kind und wenn er hundert Mal Prinz Karneval ist.
„Alaaf“, ruft sie zurück und winkt ihm mit beiden Händen zu.
(mit beiden Händen winken)

Weitere Bewegungsanregungen

Ich wär so gern ein einziges Mal ...

Dieses Spiel können Sie als Fortsetzung der Geschichte über Prinz Karneval spielen, aber auch unabhängig davon. Hier geht es darum, dass Sie oder einzelne Spieler jemanden darstellen, in den sie sich gerne verwandeln oder zu Karneval verkleiden würden. Der Fantasie sind da keine Grenzen gesetzt. Allerdings muss die Figur mit einer typischen Geste dargestellt werden. Die anderen Teilnehmer ahmen die Bewegung nach und raten, welche Figur gemeint sein könnte.

Mögliche Figuren und typische Bewegungen:

- **Cowboy:** reiten und schießen
  (Arme in Brusthöhe anwinkeln und mit dem Oberkörper und den Armen wippen wie auf einem Pferd; plötzlich stoppen und mit den Fingern eine Pistole andeuten)

- **Maler:** eine Wand anmalen
  (eine Hand aus dem Gelenk auf und ab bewegen, als würde eine Wand gestrichen)

- **Geiger:** musizieren
  (linken Arm leicht angewinkelt zur Seite ausstrecken und mit dem rechten Arm so tun, als würde man einen Bogen bewegen)

- **Rennfahrer:** fahren
  (mit beiden Händen ein Lenkrad imitieren und es zusammen mit dem Oberkörper nach links und rechts bewegen, dabei immer schneller werden)

Geburtstag im Musikgeschäft

Diese Geschichte ist so aufgebaut, dass Vorleser und Zuhörer immer wieder passende Bewegungen zum Text machen können. Um das Vorlesen zu erleichtern, sind diese Stellen farbig hervorgehoben. So können Sie die Bewegungen schnell erkennen und je nach Zielgruppe auch vor dem Lesen der Geschichte einmal mit den Senioren ausführen.

Schon lange beneidet Brunhilde ihren Bruder um seine Mundharmonika, mit der er so schöne Melodien spielen kann.
(beide Hände mit den Handflächen und gekrümmten Fingern vor dem Mund hin und her bewegen, als würde man eine Mundharmonika spielen)

Heute ist Brunhildes Geburtstag und sie darf sich im Musikgeschäft eine Mundharmonika aussuchen.
(mit dem Zeigefinger in die Runde zeigen und wählerisch den Kopf hin und her bewegen)

„Die gefällt mir", sagt Brunhilde und bläst zur Probe in das Instrument.
(beide Hände mit den Handflächen und gekrümmten Fingern vor dem Mund hin und her bewegen, als würde man eine Mundharmonika spielen)

Ihr Bruder lacht laut und hält sich die Ohren zu.
(beide Handflächen an die Ohren legen)

Das klingt wirklich nicht gut, findet auch Brunhilde und legt die Mundharmonika schnell wieder weg.
(beide Arme anwinkeln und dann schwungvoll ausstrecken)

„Vielleicht möchtest du die Geige ausprobieren", schlägt der Verkäufer vor und Brunhilde testet die Geige.
(den linken Arm leicht anwinkeln und mit der rechten Hand darüberschwingen, als würde man eine Geige spielen)

Das klingt noch schlimmer als die Mundharmonika.
(beide Hände mit den Handflächen und gekrümmten Fingern vor dem Mund hin und her bewegen, als würde man eine Mundharmonika spielen)

Ihr Bruder schlägt verzweifelt die Hände vor dem Kopf zusammen.
(die Hände vor dem Kopf zusammenklatschen)

„Und wie wäre es mit einer Flöte?", fragt der Verkäufer und gibt Brunhilde eine Flöte, damit sie sie ausprobieren kann.
(die Hände vor den Körper halten und mit den Fingern zappeln, als würde man eine Flöte spielen)

Der Klang gefällt Brunhilde nicht. Sie sieht sich nach einem anderen schönen Instrument um.
(die Hände wie einen Schirm über die Augenbrauen legen und den Kopf suchend nach rechts und links bewegen)

Da sieht sie eines, das ihr gefällt. Sie zeigt mit dem Finger auf eine Trommel.
(den Arm und den Zeigefinger nach vorne strecken)

Der Verkäufer holt die Trommel aus der Ecke des Ladens und gibt sie Brunhilde.
(beide Hände mit offenen Handflächen vor die Brust halten und nach vorne schieben)

Brunhilde beginnt sofort, mit den Schlägern auf das Trommelfell zu schlagen.
(die Finger einklappen, den Daumen obenauf legen und nach vorne schlagen, als wäre dort eine Trommel)

Ihr Bruder schaut seine Schwester erstaunt an und klatscht den Rhythmus mit.
(in die Hände klatschen)

Er holt seine Mundharmonika aus der Tasche und spielt eine Melodie.
(beide Hände mit den Handflächen und gekrümmten Fingern vor dem Mund hin und her bewegen, als würde man eine Mundharmonika spielen)

Brunhilde trommelt dazu.
(die Finger einklappen, den Daumen obenauf legen und nach vorne schlagen, als wäre dort eine Trommel)

Ihre Eltern und der Verkäufer klatschen in die Hände.
(in die Hände klatschen)

Die Eltern bezahlen die Trommel und zu Hause spielen und singen alle gemeinsam für Brunhilde: „Zum Geburtstag viel Glück."
(die Finger einklappen, den Daumen obenauf legen und nach vorne schlagen, als wäre dort eine Trommel)

Weitere Bewegungsanregungen

Das pantomimische Orchester

In der ersten Runde werden für das Orchester die Instrumente gestimmt, sprich: Es werden die typischen Bewegungen für die Instrumente eingeübt, z. B.:

- **Geige:** *den linken Arm leicht anwinkeln und mit der rechten Hand darüberschwingen, als würde man eine Geige spielen*
- **Flöte:** *die Hände vor den Körper halten und mit den Fingern zappeln, als würde man eine Flöte spielen*
- **Trommel:** *die Finger einklappen, den Daumen obenauf legen und nach vorne schlagen, als wäre dort eine Trommel*
- **Mundharmonika:** *beide Hände mit den Handflächen und gekrümmten Fingern vor dem Mund hin und her bewegen, als würde man eine Mundharmonika spielen*
- **Harfe:** *die Arme nach vorne ausstrecken, die Handflächen hochkant übereinanderhalten und mit den Fingern zappeln, als würde man Saiten zupfen*
- **Klavier:** *die Arme angewinkelt an den Körper nehmen, die Hände vor dem Bauch platzieren, mit den Fingern nach rechts und links zappeln*

In der nächsten Runde „spielt“ das Orchester. Die Teilnehmer stellen verschiedene Instrumente dar, die auf ein Zeichen des Spielleiters zum Einsatz kommen. Der Spielleiter macht dafür die jeweiligen Instrumente vor. Je nach Konzentrations- und Merkfähigkeit der Gruppenmitglieder simulieren alle gleichzeitig dasselbe Instrument oder wie in einem echten Orchester unterschiedliche Instrumente. Natürlich kann dazu auch ein Lied gesungen werden.

Frühjahrsputz

Diese Geschichte ist so aufgebaut, dass Vorleser und Zuhörer immer wieder passende Bewegungen zum Text machen können. Um das Vorlesen zu erleichtern, sind diese Stellen farbig hervorgehoben. So können Sie die Bewegungen schnell erkennen und je nach Zielgruppe auch vor dem Lesen der Geschichte einmal mit den Senioren ausführen.

Annelore sitzt im Wohnzimmer und schaut aus dem Fenster.
(aus Daumen und Zeigefinger beider Hände Kreise bilden und diese wie ein Fernglas vor die Augen halten)

„Ich sehe ja fast nichts mehr durch die dreckigen Scheiben", stellt sie fest und beschließt, die Fenster zu putzen.
(einen Arm mit flacher Handfläche ausstrecken und in der Luft wischen)

Als Annelore damit fertig ist, strahlt die Sonne so sehr ins Zimmer, dass sie überall Staub entdeckt. Mit einem tiefen Seufzen nimmt sie einen Gegenstand nach dem anderen aus dem Regal und staubt ihn ab. Zuerst das Buch.
(mit den Fingern der rechten Hand über die Handfläche der linken Hand streichen)

Dann ihre Lieblingsporzellanfigur.
(die linke Hand zur Faust ballen und mit der rechten Handfläche langsam darüberstreichen)

Und das Hochzeitsbild, dessen Glasscheibe sie sorgfältig poliert.
(mit den Fingern der rechten Hand über die linke Handfläche streichen)

Sie erinnert sich an das schöne Hochzeitsfest, macht ein paar Walzerschritte dabei und stößt aus Versehen den Eimer mit dem Putzwasser um.
(mit dem Fuß zur Seite treten)

„Na gut, der Boden muss ohnehin gewischt werden", denkt sie, holt den Schrubber und reinigt den Boden.
(beide Fäuste übereinanderlegen, als hielte man einen Schrubber, und hin- und her bewegen)

„Hach, das sieht richtig gut aus", sagt sie zu sich und schüttelt noch die Sofakissen auf.
(die Hände zu Fäusten ballen und schütteln; am Schluss mit der Handkante nach unten schlagen für einen Knick in der Mitte des Kissens)

Kaum sitzt sie am Tisch und schaut wieder aus dem Fenster, da geht die Tür auf.
(einen Arm zunächst anwinkeln, dann in einem Bogen ausstrecken)

Ihr Mann kommt mit dem Hund ins Zimmer. Der Hund hinterlässt eine Sandspur, springt aufs Sofa und zerknautscht die Kissen. Annelore sitzt nur da und schüttelt den Kopf.
(den Kopf schütteln)

Weitere Bewegungsanregungen

Neben dem Hausputz ist das Waschen der Kleidung eine Aufgabe, die im Haushalt immer wieder anfällt. Heute übernimmt das die Maschine, aber gerade Senioren wissen häufig noch aus eigener Erfahrung, wie es ist, mit der Hand zu waschen. Das Schöne an dem folgenden Lied ist, dass die meisten Senioren die Melodie aus ihrer Kindheit kennen. In den einzelnen Strophen kommen jeweils die Tätigkeiten vor, die durch die passenden Bewegungen unterstrichen werden. Der Refrain wird nach jeder Strophe wiederholt.

„Zeigt her eure Füße"

Refrain:
Zeigt her eure Füße,
zeigt her eure Schuh
und seht den fleißigen
Waschfrauen zu!

1. |: Sie waschen, sie waschen, sie waschen den ganzen Tag. :|
(die geschlossenen Hände vor dem Bauch auf und ab fahren, als müsste man die Wäsche auf einem Waschbrett reiben)

2. |: Sie spülen, sie spülen, sie spülen den ganzen Tag. :|
(die Hände zu Fäusten ballen und auf Schulterhöhe auf und ab bewegen)

3. |: Sie wringen, sie wringen, sie wringen den ganzen Tag. :|
(die Fäuste aufeinanderlegen und gegeneinander drehen)

4. |: Sie hängen, sie hängen, sie hängen den ganzen Tag. :|
(die Arme abwechselnd nach oben ausstrecken und wieder anziehen)

5. |: Sie legen, sie legen, sie legen den ganzen Tag. :|
(die Arme weit ausstrecken, dabei die Hände weit öffnen und wieder heranziehen)

6. |: Sie bügeln, sie bügeln, sie bügeln den ganzen Tag. :|
(die linke Hand mit der Handfläche nach unten als „Wäschestück" vor den Bauch halten und mit der rechten geschlossenen Hand darüberwischen und „bügeln")

(...)

Text: Albert Methfessel (1785–1869)
Melodie: volkstümlich

Die fleißigen Waschfrauen lassen sich ebenso gut durch die fleißigen Hausfrauen oder Hausmänner ersetzen. Für die fleißigen Hausfrauen empfehlen sich Strophen und Bewegungen wie:

- **Sie wischen, sie wischen, sie wischen den ganzen Tag.**
  (die rechte Handfläche ausstrecken und in der Luft wischen)
- **Sie fegen, sie fegen, sie fegen den ganzen Tag.**
  (beide Fäuste übereinanderlegen, als hielte man einen Besen, und zur Seite schwingen)
- **Sie rühren, sie rühren, sie rühren den ganzen Tag.**
  (mit einer Hand in einer imaginären Schüssel rühren)

Der grüne Luftballon

Diese Geschichte ist so aufgebaut, dass Vorleser und Zuhörer immer wieder passende Bewegungen zum Text machen können. Um das Vorlesen zu erleichtern, sind diese Stellen farbig hervorgehoben. So können Sie die Bewegungen schnell erkennen und je nach Zielgruppe auch vor dem Lesen der Geschichte einmal mit den Senioren ausführen.

Egons größte Leidenschaft sind Luftballons.
(mit beiden Händen einen Kreis in die Luft malen)

Wann immer er einen entdeckt, bleibt er stehen und sieht ihm nach.
(den Kopf in den Nacken legen und abwechselnd die Hände flach über die Augenbrauen legen und nach oben schauen)

Schon als kleiner Junge hat er auf jedem Jahrmarkt so lange gebettelt, bis ihm jemand einen Ballon kaufte.
(die Handflächen zusammengelegt auf der Höhe des Gesichtes halten und nur die ausgestreckten Finger auf- und zuklappen)

Und jetzt liest er in der Zeitung von dem Luftballonfest, das im Kindergarten nebenan stattfindet. Er jubelt.
(die Arme jubelnd anheben)

„Da gehe ich hin", beschließt er und zieht seine Schuhe an.
(die Arme abwechselnd zu jedem Fuß strecken und wieder nach oben ziehen)

Als er im Kindergarten eintrifft, läuft ihm ein kleines Kind entgegen und sagt: „Opa aufpusten."
(die rechte Hand ausstrecken)

Egon nimmt den blauen Luftballon mit einem Schmunzeln entgegen und bläst ihn auf. Er bläst und bläst.
(Daumen und Zeigefinger beider Hände vor dem Mund zusammenführen und hindurchblasen)

Der Ballon wird größer und größer.
(beim Blasen die restlichen Finger immer mehr spreizen)

Da gibt es einen lauten Knall.
(die Hände vor den Bauch halten und die Arme weit ausbreiten)

Das Kind hält sich vor Schreck die Ohren zu.
(beide Handflächen an die Ohren legen)

Egon schaut unglücklich, doch zum Glück bringt eine Frau einen roten Ballon und er kann es erneut versuchen.
(Daumen und Zeigefinger beider Hände vor dem Mund zusammenführen und hindurchblasen)

Er bläst vorsichtig und der Ballon wird immer größer.
(beim Blasen die restlichen Finger immer mehr spreizen)

Das Kind klatscht begeistert.
(in die Hände klatschen)

Egon knotet den Ballon fest zu und reicht ihn dem Kind.
(den Oberkörper zum rechten Nachbarn drehen und eine Handbewegung machen)

Das Kind drückt den Ballon an den Bauch, läuft los und fällt. Auch der rote Ballon zerplatzt mit einem lauten Knall.
(die Hände vor den Bauch halten und die Arme weit ausbreiten)

Das Kind weint und reibt sich die Augen.
(die Fäuste unter den Augen hin und her bewegen)

Egon nimmt einen grünen Ballon. „Warte nur, jetzt wird's was!", sagt er und bläst.
(Daumen und Zeigefinger beider Hände vor dem Mund zusammenführen und hindurchblasen; dabei die restlichen Finger immer mehr spreizen)

Er knotet den Ballon fest, bindet ein Band an den Ballon und überreicht ihn dem Kind.
(die Fingerspitzen beider Hände aneinanderlegen und drehen; Oberkörper nach rechts drehen und die rechte Hand ausstrecken)

„Grün!", sagt das Kind statt „danke" und läuft langsam davon. Egon sieht dem grünen Ballon nach.
(aus Daumen und Zeigefinger beider Hände Kreise bilden und diese wie ein Fernglas vor die Augen halten)

Genau solch einen Ballon hatte er als kleiner Junge auch einmal.

Weitere Bewegungsanregungen

Luftballonspiele

Ein Luftballon ist leicht, deshalb können ihn auch Menschen werfen und halten, die ansonsten nicht mehr so gut bei Kräften sind. Dadurch empfiehlt er sich als Material für diverse Bewegungsspiele in der Gruppe oder mit Paaren.

- In der einfachsten Variante bekommt jeder Teilnehmer einen Ballon und hat die Aufgabe, diesen so lange wie möglich in der Luft zu bewegen. Der Ball kann über dem Kopf mit beiden Händen angestupst werden oder von rechts nach links geworfen werden, indem er abwechselnd mit der rechten Hand über den Kopf nach links und mit der linken Hand nach rechts geschlagen wird.
- Eine andere Möglichkeit ist das zielgerichtete Werfen zum nächsten Nachbarn oder mit mehr Kraft zum Teilnehmer gegenüber.
- Für den Luftballontanz ist es nötig, dass die Teilnehmer stehen und sich langsam bewegen können. Immer zwei Teilnehmer stehen sich gegenüber, tragen zusammen einen Ballon vor der Stirn oder dem Bauch und bewegen sich damit langsam durch den Raum.

Die Osterüberraschung

Diese Geschichte ist so aufgebaut, dass Vorleser und Zuhörer immer wieder passende Bewegungen zum Text machen können. Um das Vorlesen zu erleichtern, sind diese Stellen farbig hervorgehoben. So können Sie die Bewegungen schnell erkennen und je nach Zielgruppe auch vor dem Lesen der Geschichte einmal mit den Senioren ausführen.

In diesem Jahr möchten Walter und Renate ihre Eltern überraschen.
(Mund zu einem O formen und die Hände vor den Mund legen)

Als die Eltern nicht zu Hause sind, breiten sie sich in der Küche aus.
(die Arme vom Bauch weit ausbreiten)

Renate nimmt eine große Schüssel aus dem Schrank.
(den Arm ausstrecken, so tun, als ob man eine Schüssel greifen würde, und den Arm zu sich heranziehen)

Walter holt Eier, Butter und Mehl aus der Vorratskammer.
(die Arme vor dem Bauch übereinanderlegen und die Schultern wie beim Gehen bewegen)

Renate rührt aus allen Zutaten einen schönen, gelben Teig.
(den linken Arm gerundet vor den Bauch halten, als hielte man einen Topf, und mit der rechten Hand darüber eine Rührbewegung machen)

Sie kippt den Teig auf die Arbeitsfläche.
(die Arme angewinkelt nach vorne strecken und die Hände drehen, als wollte man eine Schüssel umdrehen)

Beide nehmen sich ein Messer und schneiden damit Ostereier aus.
(Eier in die Luft malen)

Vorsichtig legen sie die Teiglinge auf das Backblech.
(mit den Fingern der rechten Hand in die Fläche der linken Hand tippen)

Walter schiebt das Blech in den Ofen.
(beide Arme parallel nebeneinander nach vorne schieben)

Renate räumt alles weg und beginnt, zu spülen.
(mit den Fingern der rechten Hand über die linke wischen)

„Was duftet hier denn so gut?", hören Walter und Renate hinter sich die Stimme ihres Vaters.
(die Nase krausziehen und schnuppernd hin und her bewegen)

„Das ist eine Überraschung", sagt sie. Die Eltern schauen sie prüfend an.
(die Hände wie ein Fernglas vor die Augen halten)

Da öffnet Walter schon die Tür und hält den Eltern das Blech mit lecker aussehenden Osterplätzchen hin.
(die Hände mit den Handflächen nach oben nebeneinanderlegen wie ein Tablett und nach vorne schieben)

Eltern und Kinder setzen sich an den Tisch und lassen sich die Plätzchen schmecken.
(Kaubewegungen mit dem Mund ausführen)

Weitere Bewegungsanregungen

Sitz-Eierlauf

Je nach Beweglichkeit der Teilnehmer empfiehlt sich ein Sitz-Eierlauf als zusätzliche Aktion im Anschluss an die Geschichte. Benötigt werden Esslöffel und Eier, gerne auch aus Plastik, weil diese nicht so schwer sind wie hart gekochte Eier.

Es gibt verschiedene Spielvarianten:

- Jeder Teilnehmer erhält einen Löffel und ein Ei wird von Löffel zu Löffel weitergegeben. Das Ei darf nicht herunterfallen. Wenn es doch einmal passiert, wird das Ei einfach wieder auf den Löffel gelegt und es kann weitergespielt werden.
- Es gibt nur einen Löffel mit einem Ei, der im Sitzkreis weitergegeben wird.
- **Staffellauf:** Es sind zwei bis drei Eier im Umlauf. Die Eier dürfen sich nicht gegenseitig einholen.

Schwieriger werden die Spiele, wenn der Spielleiter zwischendurch einen Richtungswechsel veranlasst.

GESCHICHTEN ÜBER BEWEGUNG

Eine Zugreise

Guido sieht aus dem Zugfenster und versucht, etwas in dem Nebel draußen zu erkennen.
Er seufzt tief. Da ist weit und breit nichts zu sehen.
„Wann sind wir denn endlich da?", fragt er seine Mutter.
Die Mutter schaut von ihrem Strickzeug auf und schüttelt den Kopf.
„In zwei Stunden, das habe ich doch vor fünf Minuten schon gesagt."
Guido wirft sich in seinen Sitz. „Aber mir ist langweilig."
„Dann lies dein Buch", erklärt die Mutter und wendet sich wieder ihrem Strickzeug zu.
Lustlos klappt Guido das Buch auf und schließt es. Die Schrift ist viel zu klein und überhaupt ist Bücherlesen langweilig.
Er holt die Spielkarten aus der Tasche, die sein Vater ihm vor der Abreise gegeben hat.
„Mama, spielst du mit mir Mau-Mau?", fragt er.
„Kannst du dich denn nicht mal zehn Minuten allein beschäftigen?", antwortet seine Mutter. „Ich will den Schal fertig stricken, bis wir bei Oma sind."
Guido verdreht die Augen. „Darf ich aufstehen?"
„Aber lauf nicht weg", ermahnt seine Mutter ihn und widmet sich wieder ihrem Strickzeug.
Guido geht mit den Spielkarten in der Hand den Gang entlang. Vielleicht findet er ein Kind, das mit ihm Mau-Mau spielt. Oder Karten fangen.
Alles ist ihm recht, solange er nicht still in der Bank sitzen muss.
„Du, Junge, komm doch mal her", ruft ein Mann mit weißen Haaren.
Guido bleibt in sicherer Entfernung stehen.
„Was ist denn?", will er wissen.
„Ich spiele mit dir Mau-Mau", verspricht der Mann. Er zeigt auf den leeren Platz neben sich.

Guido kann seine Mutter sehen. Sie ist in ihre Strickarbeit versunken. Aber was soll ihm hier im Zug schon passieren?
„Na gut", sagt er daher und setzt sich auf den freien Platz. „Aber ich fange an."
Der Mann lacht. „Das habe ich früher auch immer gesagt." Er nimmt Guido das Kartenspiel aus den Händen und mischt es in einer Geschwindigkeit, die den Jungen erstaunt.
„Das möchte ich auch können", sagt er.
„Dazu musst du viel üben", erklärt der Mann und grinst Guido an. „Im Zug zum Beispiel, wenn es draußen nebelig ist und niemand da ist, der mit einem spielt."
Guido grinst ebenfalls. Nun weiß er, was er tun kann, wenn er wieder bei seiner Mutter sitzt.
Verblüfft sieht er, wie der Mann zwei Karten auf dem kleinen Tisch vor dem Fenster gegeneinanderlehnt.
„Schummeln gilt aber nicht", verkündet er und weist auf die beiden Karten.
Der Mann lacht. „Ich wollte doch nicht schummeln. Ich wollte ein Haus aus den Karten bauen."
„Ein Haus aus Karten?" Guido runzelt ungläubig die Stirn. „Das geht doch nicht."
„Wart's ab!", entgegnet der Mann und lehnt ein weiteres Kartenpaar nebeneinander. Und noch eins und noch eins.
„Das ist doch kein Haus", findet Guido. „Das ist höchstens", er sucht nach einem passenden Wort, „das ist höchstens ein Zaun."
Der Mann antwortet nicht. Er legt auf die Spitzen der Kartenpaare eine Karte und lehnt darauf wieder zwei Karten aneinander. Und noch zwei und noch zwei.
„Boah! Das wird ja richtig hoch", staunt Guido.
In dem Augenblick ruckelt der Zug und bleibt stehen. Das Kartenhaus fällt in sich zusammen.

„Oh, ich muss ja hier aussteigen.“
Der Mann drückt Guido die Karten in die Hand und verabschiedet sich hastig. Er hebt den Hut, als er an Guidos Mutter vorbeikommt, und ist verschwunden.
Guido setzt sich auf den Platz gegenüber seiner Mutter. Zuerst übt er, die Karten zu mischen, und dann lehnt er zwei Karten auf dem kleinen Tisch vor dem Fenster zusammen. Und noch zwei und noch zwei, bis das ganze Brett vollsteht.
Darauf legt er vorsichtig einige Karten und platziert darauf wieder Kartenpaare. So viele, bis kein Platz mehr ist. Darauf legt er abermals langsam einige Karten und Kartenpaare und Karten und Kartenpaare.
Als er das letzte Kartenpaar als Spitze seines Hauses loslässt, ruckelt der Zug und hält an. Sein Kunstwerk fällt in sich zusammen.
Doch er hat keine Zeit, sich zu ärgern, weil seine Mutter feststellt: „Wir müssen ja hier raus! Über dem Stricken habe ich doch glatt die Zeit vergessen.“
Sie streicht ihm über den Kopf. „Tut mir leid, wenn du dich gelangweilt hast. Weil du so brav warst, kriegst du gleich ein Eis.“
Guido grinst und nickt nur. Die Spielkarten lässt er in seiner Jackentasche verschwinden. Für die Rückfahrt.

Weitere Bewegungsanregungen

Ein Kartenhaus bauen

Beim Bauen eines Kartenhauses sind besonderes Geschick und eine hohe Portion Konzentration gefragt. Die Motorik der Hände muss exakt gesteuert werden, damit die neue Karte nicht die alte umstößt. Dafür ist es nötig, Arm- und Handmuskeln bewusst anzuspannen und auch wieder zu entspannen, wodurch die Muskeln gekräftigt werden.

Um ein Kartenhaus zu bauen, benötigen Sie lediglich Spielkarten oder Bierdeckel. Jeweils zwei Karten werden so gegeneinandergelehnt, dass sie stehen bleiben. Je mehr Karten den Sockel des Hauses bilden, umso höher wird das Gebäude. Am besten fangen Sie mit zwei Paaren unten an.

Die Paare müssen möglichst dicht nebeneinander platziert werden, sodass eine Karte eines Paares eine Karte des anderen Paares berührt.

Auf die beiden Paare wird eine Spielkarte gelegt und auf der Spielkarte wieder ein Kartenpaar ausgerichtet.

Die Kartenhäuser können um die Wette gebaut werden. Gewonnen hat, wer als Erster fertig ist. Aber genauso viel Spaß macht es, wenn alle gleichzeitig versuchen, ein Haus zu bauen.

Waldspaziergang mit Hindernissen

„Ach, das duftet so schön!", sagt Isolde, als sie am Arm ihres Mannes Heinrich den Wald betritt. Sie legt den Kopf in den Nacken und saugt die Luft tief ein.
„Autsch!", schimpft sie kurz darauf und reibt sich die Stirn. „Da wirft jemand mit Tannennadeln."
Heinrich lacht. „Hörst du nicht? Dort oben ist ein Specht am Werk. Dabei können schon mal Nadeln herunterfallen."
Isolde nickt. „Aber nicht ausgerechnet jetzt. Oh, nein! Schon wieder." Sie tastet mit der Hand auf ihrem Kopf und hält eine Tannennadel in der Hand.
„Da, schon wieder!" Dieses Mal sitzt die Tannennadel in ihrem Haarpony. „Ich gehe wieder nach Hause."
„Ach komm, heute ist so schönes Wetter für einen Waldspaziergang. Ein paar Tannennadeln sind doch nicht schlimm", meint Heinrich.
Isolde betrachtet seinen kleinen, grauen Hut, in dessen Krempe sich bereits einige Tannennadeln gesammelt haben. „Für dich ist das nicht schlimm, aber ich habe keinen Hut!"
„Dann nimm meinen Hut", bietet Heinrich an.
„Das ist doch ein Männerhut!", wehrt Isolde empört ab.
Heinrich sieht sich um. Da fällt sein Blick auf die Zeitung, die er am Kiosk gekauft hat. Eigentlich wollte er sie zu Hause in Ruhe lesen. Aber vielleicht kann sie ihm ja einen ruhigen Spaziergang bescheren.
„Bleib mal stehen", bittet er seine Frau.
Isolde sieht entgeistert, wie er sich auf die Bank am Wegesrand setzt und die Zeitung unter dem Arm hervorzieht. „Willst du jetzt etwa Zeitung lesen?"
„Nun warte doch ab!", murmelt Heinrich nur.
Isolde bleibt nichts anderes übrig, als zuzusehen, wie er eine Zeitungsseite zusammenfaltet. Das hätte er auch wirklich zu Hause

machen können. Nicht hier unter den Tannennadeln. Da fällt schon wieder eine auf ihren Kopf. Das fühlt sich merkwürdig an. Heinrich legt unterdessen in aller Ruhe die Zeitungsseite auf die Hälfte zusammen. Dann faltet er sie einmal in der Mitte und klappt sie wieder auf. Nun nimmt er die rechte, obere Ecke und faltet die Hälfte bis zur Mittellinie und wiederholt das gleiche auf der linken Seite. Jetzt faltet er den überstehenden, unteren Rand nach oben. Einmal vorne, einmal hinten und knickt noch die überstehenden Ecken um.

Schließlich steht er auf und setzt seiner Isolde das Werk auf den Kopf. „Nun landet keine Tannennadel mehr in deinem Haar“, sagt er. „Und auch sonst nichts, was ein Vogel fallen lässt.“
Ehe Isolde sich bedanken kann, landet ein kleiner, weißer Klecks auf Heinrichs Hut. „Kommt Vogelschiss, ist Glück gewiss“, sagt er nur, hakt sich bei Isolde unter und geht mit ihr weiter den Waldweg entlang.

Weitere Bewegungsanregungen

Das folgende Spiellied fördert zum einen die Bewegungen der Hand, aber es fordert auch die Konzentration und Merkfähigkeit heraus.

Mein Hut, der hat drei Ecken

Mein Hut, der hat drei Ecken,
drei Ecken hat mein Hut,
und hätt er nicht drei Ecken,
so wär er nicht mein Hut.

Melodie: italienische Volksweise
Text: erstmals 1886 im Saarland belegt

Die Teilnehmer müssen sich merken, welche Bewegungen zu welchen Schlüsselwörtern gemacht werden. Bei diesem Lied wird jedes Wort durch eine Handbewegung begleitet.

Je nach Zusammensetzung der Gruppe können Sie:

- das Lied gemeinsam singen und dazu die Bewegungen ausführen.
- einzelne Wörter nicht singen, sondern nur die Handbewegungen ausführen. Bei dieser Variante wird auf besondere Weise die Aufmerksamkeit und Konzentration trainiert, weil die Teilnehmer das Lied in Gedanken weitersingen, rechtzeitig die Stimme wieder zum Einsatz bringen müssen und gleichzeitig die Bewegungen ausführen.

Es empfiehlt sich, die Bewegungen vor Beginn des Liedes einmal einzuüben und diese je nach Konzentrationsfähigkeit der Zielgruppe auf zwei oder drei Bewegungen (z. B. mein, Hut, nicht) zu beschränken.

Die Bewegungen

Mein = *auf sich selbst zeigen*

Hut = *mit beiden Händen einen spitzen Hut auf dem Kopf andeuten*

der = *mit dem Zeigefinger nach vorne zeigen*

hat = *in die Hände klatschen (als würde man eine Fliege fangen)*

drei = *drei Finger hochhalten*

Ecken = *die Hände so zum Dreieck halten, dass sich die Spitzen von Daumen und Zeigefinger berühren*

nicht = *den Kopf schütteln*

Ich schenk dir ein Herz

Otto hatte lange gespart, damit er sich einen Besuch auf dem Rummel leisten konnte. Vier Wochen lang hatte er auf sein Wochenendbier verzichtet, um einmal mit Helene im Arm einen Selbstfahrer zu steuern und ihr ein Kirmesherz mit seinem Namen zu schenken. Und dann riss ausgerechnet am Morgen vor dem Rummel sein Schnürsenkel. Ohne Schnürsenkel konnte er die Schuhe nicht tragen und ohne Schuhe nicht auf den Rummel gehen. Schweren Herzens schob er 50 Pfennig über die Theke des Schusters für ein Paar Schnürsenkel.

„Ich hab sie dir schon eingefädelt", sagte der Schuster und schwenkte die Schuhe an den Schnürsenkeln vor Ottos Nase hin und her.

„Danke", murmelte Otto, schlüpfte in die Schuhe und band die Schnürriemen fest. Nachdenklich machte er sich auf den Weg zum Kirmesplatz. Helene wartete vor dem Selbstfahrer. Aber sollte er wirklich einen Chip für den Selbstfahrer kaufen? Dann konnte er sich das Lebkuchenherz nicht mehr leisten.

Otto wusste nicht, was er tun sollte.

Da stand Helene. „Ich habe mich so auf die Fahrt mit dir gefreut", rief sie ihm entgegen und strahlte.

Otto konnte nicht anders, er musste den Fahrchip kaufen. Dann gab es eben kein Herz aus Lebkuchen, auch wenn ihn das traurig stimmte.

Trotzdem genoss er die Fahrt mit dem kleinen elektrischen Auto über die glatte Fläche. Immer wenn ein anderes Fahrzeug sie rammte, wurde Helene gegen ihn geschleudert. Fast kam es ihm so vor, als ließe sie sich extra gegen ihn fallen.

Dann war die Fahrt zu Ende und Helene zog ihn weiter über den Rummelplatz. Sie beobachteten, wie ein dicker Mann versuchte, aufeinandergestapelte Dosen mit einem Lederball zu treffen. An einem anderen Stand schoss eine Frau wieder und wieder am Ziel vorbei und überall hörte man das laute Knallen des Hammers vom „Hau den Lukas“.

Helene schmiegte sich an Otto, der Trübsal blies, weil er ihr kein Kirmesherz kaufen konnte. Nicht mal eine Fahrt in der Raupe war mehr drin.

Ach, und am Stand mit den Kirmesherzen hing sogar eines mit dem Namen Otto drauf. Helene nahm es in die Hand und zeigte es ihrem Freund.

Otto seufzte lang.

„Was hast du?“, wollte Helene wissen.

Da erzählte er ihr von dem Missgeschick mit dem Schnürsenkel und dass er ihr eigentlich das Herz kaufen wollte.

„Ach, wer will denn solch ein Lebkuchenherz? Das isst man auf und dann ist es weg“, tröstete Helene ihn und hakte sich bei ihm unter.

Sie zogen weiter über den Jahrmarkt, an der Schiffschaukel vorbei, die einen fast bis in den Himmel trug.

Als sie am Flohzirkus vorbeikamen und die Flöhe sahen, kicherte Helene: „Ui, es juckt schon, bestimmt ist ein Floh ausgebrochen.“

Doch Otto konnte nicht mitlachen. Er war immer noch geknickt. Da zog Helene ihn in das Festzelt. Bis zur Theke, wo es die Frikadellen gab. Sie bat die Bedienung um eine Serviette und ließ sich mit Otto an einem Tisch nieder.

„Was wird das denn?“, fragte Otto, als Helene die Serviette zuerst einmal in der Mitte zusammenlegte und dann zu einer Ziehharmonika faltete.
Helene lächelte nur. Sie riss oben und unten etwas von dem Papier ab und zog es auseinander. „So viele Herzen schenke ich dir“, sagte sie.

Otto wurde rot. Da hatte Helene doch tatsächlich eine Herzgirlande für ihn gebastelt. Er sah sich hastig um, ehe er sich vorbeugte und Helene einen Kuss gab. Dann holte er sich ebenfalls eine Serviette und faltete eine Herzkette.

Weitere Bewegungsanregungen

Gehen Sie mit den Teilnehmern in Gedanken über den Jahrmarkt und führen Sie zu jeder Attraktion die passende Bewegung aus.

Ein Jahrmarktbesuch

Lassen Sie uns gemeinsam über den Jahrmarkt bummeln wie Otto und Helene. Wir sitzen im Selbstfahrer, der heute Autoskooter genannt wird.
(beide Hände nach vorne ausstrecken und den Oberkörper wie beim Fahren mal nach links und mal nach rechts bewegen)

Wir treffen natürlich die Dosen beim Dosenwerfen, oder?
(mit dem rechten Arm ausholen und ihn nach vorne strecken)

Die Rose am Schießstand ist für uns kein Problem.
(die rechte Hand unter dem rechten Auge ballen und den ausgestreckten linken Arm darunterhalten)

Ach, Schiffschaukel fahren macht so viel Spaß.
(den Oberkörper langsam nach vorne und hinten bewegen, dabei die Beine ausstrecken und mit angezogenen Füßen mitschwingen)

Und ein Kirmesherz bekommen wir auch noch.
(mit ausgestreckten Armen und Händen ein Herz in die Luft malen)

Der Schulausflug

Heute freuen sich Leni, Fritz, Waltraud, Bernd und alle anderen Schüler der kleinen Waldschule auf die Schule. Sie fahren nämlich mit den Lehrern in die nächstgrößere Stadt und besuchen dort eine Zirkusvorstellung.

Schon die Zugfahrt ist ein Spaß. Alle sitzen nebeneinander und wackeln mit den Oberkörpern wie Wackeldackel. Der Zug ruckelt und schuckelt, bis er schließlich mit lautem Quietschen am Zielbahnhof hält.

Sofort drängeln sich alle Kinder vor den Türen und trippeln aufgeregt auf der Stelle. Kaum öffnet sich die Tür, springen sie hinaus und schubsen vor Aufregung auch schon mal den Nachbarn mit dem Ellbogen beiseite.

In Zweierreihen gehen sie die wenigen Schritte bis zum Kirmesplatz. Schon von Weitem sehen sie das große Zirkuszelt mit dem hohen, spitzen Dach.

„Da ist der Elefant", ruft Leni aufgeregt und zeigt auf etwas Graues, das die Wohnwagen überragt. Tatsächlich reckt der Elefant seinen Rüssel weit nach oben, als sie den Eingang erreichen.

„Wartet einen Moment, ich muss die Karten holen", erklärt der Rektor und zieht die Geldbörse aus seiner Hosentasche.

Die Kinder schauen sich um. Da ertönt ein lautes Brüllen.

„Der Löwe", flüstert Waltraud und macht sich ganz klein. Wer weiß, vielleicht kann der Löwe doch das Tor öffnen?

„Die Vorstellung geht gleich los", ruft der Rektor. Die Lehrer scheuchen die Kinder ins Zelt, als wären sie eine Hühnerschar.

Endlich hat jeder seinen Platz gefunden und die Musik beginnt, zu spielen. Fritz erkennt einen Mann mit einer Trompete und einen weiteren mit einer Trommel. Eine Flöte und ein Klavier sind auch zu sehen.
„Herzlich willkommen in unserem Zirkus!"
In der Manege steht ein Mann im schwarzen Anzug und lüftet seinen Zylinder. Das muss der Zirkusdirektor sein.
Die Kinder und alle anderen Besucher klatschen. Dann wird es ruhig. Ein Löwe rennt in das Zirkusrund. Die Kinder kreischen und halten sich angstvoll die Hände vor den Mund. Sie sehen, dass der Zirkusdirektor eine Leine in der Hand hält und der Löwe gar nicht bis zu den Zuschauern kommen kann. Da kann er noch so sehr mit seinen Pranken in ihre Richtung schlagen. Erleichtert lehnen sich die Kinder zurück.
Als Nächstes reitet ein Mädchen in einem Glitzerkostüm in die Halle und erntet viel Applaus. Darauf folgen Artisten am Trapez. Um ihre Kunststücke zu sehen, müssen die Kinder den Kopf in den Nacken legen.
„Wahnsinn! Wie toll der Klimmzüge machen kann", flüstert Fritz seinem Freund Bernd zu. „Die schaffe ich nicht mal an der Turnstange."
Doch Bernd kommt nicht zum Antworten, weil nun Clowns die Manege betreten. Sie bewerfen sich mit Schaumkugeln. Einer macht Seifenblasen und ein anderer fängt sie auf. Alle lachen, als ein Clown versucht, mit ihnen zu jonglieren.
Aber was ist das? Das sind ja gar keine Seifenblasen, die da durch die Luft fliegen.
Leni, Fritz, Waltraud, Bernd und all die anderen machen große Augen. Der Clown mit der gelben Nase hat die Seifenblasen in Bälle verwandelt. Fünf Bälle wirft er in die Luft, als wäre das das Einfachste von der Welt.
„Hepp!", ruft er und wirft einem anderen Clown einen Ball zu.
„Hepp!", ruft er erneut. Auch der dritte Clown fängt einen Ball auf.

Da dreht sich der Clown mit der gelben Nase um. Während die letzten drei Bälle durch die Luft fliegen, schaut er sich im Publikum um. Waltraud duckt sich. Leni versteckt sich hinter dem Rektor, der neben ihr sitzt. Bernd rutscht ganz tief nach unten auf seinem Platz. Nur Fritz sitzt da und streckt die Hände aus, als der Clown wieder „Hepp!" ruft. Der Ball fällt direkt in seine Hand und alle Zuschauer klatschen. Der Clown fängt die letzten Bälle auf und verneigt sich vor Fritz. Der wird nun doch rot im Gesicht, als alle Leute ihn anschauen. Dabei wollte er nur einen Scherz machen, als er die Hände ausstreckte. Er darf den Ball behalten.

Der Rektor fragt extra nach, ehe sie zum Zug gehen.

Die ganze Zugfahrt über wirft Fritz den Ball in die Höhe und fängt ihn wieder auf. „Ich sehe schon, in der nächsten Stunde muss ich euch zeigen, wie man jongliert, was?", sagt der Sportlehrer.

„Ja!", rufen alle Schüler so laut, dass der Schaffner kommt, um zu sehen, ob alles in Ordnung ist.

Natürlich ist alles in Ordnung. Ach was, es ist alles so schön und es wird noch schöner, wenn sie erst einmal selbst jonglieren können. Dann werden sie einen Zirkus gründen, haben Fritz und Bernd beschlossen. Leni wird auf einem Pferd reiten, Waltraud bringt ihren Löwen aus Stoff mit, Bernd wird Zirkusdirektor und Fritz wird als Clown mit den Bällen alle begeistern.

Weitere Bewegungsanregungen

Jonglieren mit Tüchern

Für diese Bewegungsübung benötigen Sie Chiffontücher, als Ersatz können Sie auch Kosmetiktücher benutzen. Im Vergleich zu Bällen haben Tücher beim Jonglieren den Vorteil, dass sie nicht so schnell herunterfallen und die Jongleure mehr Zeit haben, diese aufzufangen.

Bei dieser Bewegung sollten Sie auf der einfachsten Schwierigkeitsstufe beginnen, dann können Sie einschätzen, ob Sie die nächste Stufe ausprobieren lassen oder nicht.

1. Stufe: Ein Tuch wird in die Höhe geworfen und mit derselben Hand wieder aufgefangen.

2. Stufe: Ein Tuch wird schräg in die Höhe geworfen und mit der anderen Hand wieder aufgefangen.

3. Stufe: Mit jeder Hand wird ein Tuch in die Höhe geworfen und mit derselben Hand wieder aufgefangen.

4. Stufe: Die beiden Tücher werden schräg in die Luft geworfen und mit der jeweils anderen Hand wieder aufgefangen.

Segeltörn mit Hindernissen

Wochenlang hat Karin sich Gedanken gemacht, was sie zu der Bootsfahrt anziehen soll. Egon hat sie eingeladen, mit ihm über den Bodensee zu segeln. Endlich sitzt sie in weißer Hose und weißer Bluse mit einer blau-weiß gepunkteten Schleife im Haar in dem Boot und bewegt sich im Rhythmus der Wellen hin und her.
„Wir könnten da vorne ein Eis essen“, schlägt Egon vor und steuert das Boot in Richtung Yachthafen.
Karin nickt begeistert. Die Fahrt ist zwar schön und der Wind weht angenehm durch die Haare. Aber unterhalten können sie sich nicht richtig. Alle paar Minuten muss Egon an den Segeln zerren oder die Pinne, wie er den Lenkstock nennt, bewegen.
„Binde das Seil dort fest“, bittet Egon Karin, nachdem er ihr an Land geholfen hat.
Karin nimmt das Seil entgegen und schlingt es um den Metallstab, auf den Egon zeigt. Währenddessen springt Egon auf den Steg und zurrt das zweite Seil um einen zweiten Metallstab. Dann hakt er sich bei Karin unter und geht mit ihr zu dem Café direkt an der Promenade.
„Mhm, das Eis ist lecker“, sagt Karin kurz darauf und schiebt sich einen Löffel nach dem anderen in den Mund.
Egon nickt und knabbert an der Eiswaffel. Er betrachtet den Himmel. „Ich glaube, es kommt ein Unwetter. Wir sollten uns auf den Weg machen“, meint er.
Karin schaut nach oben. Da sind wirklich einige dunkle Wolken zu sehen. Schnell isst sie ihr Eis zu Ende.
Als die beiden im Laufschritt den Steg erreichen, sieht Karin mit Entsetzen, dass sich ihr Seil gelöst hat. Das Boot hängt nur noch an dem Tau, das Egon befestigt hat.
„Hast du denn keinen Knoten gemacht?“, fragt Egon und versucht, das Boot mit einer Stange an den Steg zu holen.

„Ich habe extra eine Schleife gemacht!“, beteuert Karin und wundert sich, als Egon die Stange weglegt und sich den Bauch hält vor Lachen.

„Ein Boot ist doch kein Haarschmuck“, japst er. Zum Glück hat er das Boot so weit heranholen können, dass sie einsteigen können.

Der stärker gewordene Wind bläht sogleich die Segel und bringt sie schnell in den Heimathafen. Dort erklärt Egon Karin, wie man einen Seemannsknoten macht, damit sie bei der nächsten Fahrt nicht wieder Schiffbruch erleiden.

Weitere Bewegungsanregungen

Dieses bekannte Lied empfiehlt sich als Ergänzung zur Geschichte. Jedes Wort wird mit einer Handbewegung begleitet. Je nach Fähigkeit der Zuhörer ist es sinnvoll, sich auf einzelne Bewegungen zu beschränken. In jedem Fall sollten die Bewegungen einmal vorgeführt werden, dabei können Sie die Senioren einbeziehen. Sicher gibt es den einen oder anderen, der das Lied kennt, wenn Sie anfangen, es zu singen oder alternativ zu sprechen.

Ein kleiner Matrose
Ein kleiner Matrose umsegelte die Welt.
Er liebte ein Mädchen, das hatte gar kein Geld.
Das Mädchen musste sterben
und wer war schuld daran?
Ein kleiner Matrose in seinem Liebeswahn.

Text: mündlich überliefert
Melodie: nach „Der Mai ist gekommen"

Die Bewegungen

Ein = *den Daumen in die Höhe*
Kleiner = *mit Daumen und Zeigefinger etwa 5 cm zeigen*
Matrose = *ausgestreckte Hand zum Gruß an den Kopf halten*

Umsegelte = *beide Hände mit den Handflächen nach unten parallel zueinander auf und ab bewegen*

Die = *mit dem Zeigefinger noch vorne zeigen*

Welt = *mit beiden Händen einen großen Kreis vor dem Gesicht ziehen*

Er = *mit dem Daumen über die Schulter zeigen*

Liebte = *die Arme vor der Brust verschränken, als wollte man sich selbst umarmen*

Ein = *den Daumen hochstrecken*

Mädchen = *mit den Händen einen kurvigen Frauenkörper andeuten*

Das = *mit dem Zeigefinger noch vorne zeigen*

Hatte gar kein = *den Kopf schütteln*

Geld = *Daumen und Finger reiben*

Das = *mit dem Zeigefinger noch vorne zeigen*

Mädchen = *mit den Händen einen kurvigen Frauenkörper andeuten*

Musste = *den Zeigefinger schütteln*

Sterben = *mit der Handkante den Hals entlangfahren*

Und = *mit den beiden Zeigefingern ein Pluszeichen machen*

Wer war schuld daran = *die Arme fragend nach außen führen*

Ein = *den Daumen hochstrecken*

Kleiner = *mit Daumen und Zeigefinger etwa 5 cm zeigen*

Matrose = *ausgestreckte Hand zum Gruß an den Kopf halten*

In = *mit den Fingern der rechten Hand auf die linke Handfläche deuten*

Seinem Liebeswahn = *Arme vor der Brust verschränken und dann mit der rechten Hand vor dem Gesicht wedeln*

Auf der Kirmes

Aufgeregt gehen Volker und Klemens hinter ihren Eltern durch den Ort zur Kirmes. Endlich erreichen sie den Platz. Der Vater bleibt stehen. Er zieht seine Geldbörse aus der Hosentasche und öffnet sie. „Hier habt ihr Kirmesgeld, aber geht sorgsam damit um, hört ihr!“

Volker und Klemens nehmen jeder zwei Mark in Empfang. „Ich fahre mit der Raupenbahn“, verkündet Klemens. Er bewegt den Oberkörper wild hin und her, um zu zeigen, wie die Bahn fährt.

„Ich schieße dir eine Blume, Mama“, lässt sich Volker vernehmen. Er streckt den linken Arm aus, legt die rechte Hand unter die Armbeuge und tut, als würde er schießen.

Bei jeder Attraktion bleiben die Jungen stehen und beratschlagen, ob sich die 20, 50 oder 60 Pfennige lohnen.

Volker hat die erste Mark am Schießstand verpulvert. 20 Pfennig kosten drei Schuss und er hat sich immer wieder Munition einlegen lassen, bis die erste Mark ausgegeben war.

Auch Klemens’ Kirmesgeld ist geschrumpft. Er hat der Verlockung, vier Fahrten mit der Raupe für eine Mark zu kaufen, nicht widerstehen können. Nach der vierten Fahrt hat er wackelige Knie. Er ärgert sich, dass er sich nicht auf eine Runde beschränkt hat.

Und dann stehen sie vor dem Stand, bei dem man Ringe über Holzstäbe werfen soll. Eigentlich ein Kinderspiel, das sie sonst nicht beachten. Aber jetzt winkt als Gewinn genau jene Eisenbahn, die sie sich schon immer gewünscht haben.

Volker bekommt drei Ringe für 20 Pfennig und versucht sein Glück. Er nimmt einen Ring in die Hand, biegt diesen leicht nach innen und lässt ihn nach außen schnellen. „Mist“, schimpft er, als der Ring an dem Holzstab abprallt. Auch die nächsten beiden Ringe treffen keinen der Holzstäbe. Nicht einmal einen Trostpreis bekommt er.

Dann ist Klemens an der Reihe. Beim dritten Wurf schafft er es tatsächlich, den Ring über einen Stab zu bringen. Der Betreiber überreicht ihm eine Stoffrose.
„Ich möchte noch einmal", ruft Volker, angestachelt von Klemens' Treffer. Er wirft den ersten Ring, dann den zweiten und den dritten. Ohne Erfolg.
Wieder und wieder lassen die Jungen sich Ringe geben, bis ihr Geld ausgegeben ist. Außer der Stoffrose und einem kleinen Ball an einem Gummi haben sie nichts gewonnen.
Gerade wollen die beiden sich auf die Suche nach ihren Eltern machen, da hören sie hinter sich die Stimme ihrer Mutter: „Drei Ringe bitte!" Die Mutter fixiert einen Holzstab und wirft den Ring über den Holzstab.
Die Flasche Sekt, die sie dafür bekommt, reicht sie dem Vater.
Dann konzentriert sie sich auf den Holzstab für die Eisenbahn. Der erste Ring prallt an dem Holzstab ab.
Volker und Klemens halten den Atem an, als ihre Mutter den zweiten Ring wirft. „Treffer!", jubeln sie und reißen die Arme in die Höhe, als hätten sie einen Sieg errungen. Überglücklich nehmen sie die Eisenbahn entgegen.

Weitere Bewegungsanregungen

Zur Nachbearbeitung der Geschichte eignet sich auch das folgende, altbekannte Lied. Während die Teilnehmer singen, geht ein Ring im Sitzkreis verdeckt von Hand zu Hand. Vorher wird ein Teilnehmer bestimmt, der am Ende des Liedes raten muss, in wessen Hand sich der Ring befindet. Wichtig ist, dass der Ring mit beiden Händen zum jeweils linken Sitznachbarn gereicht, die Arme lang ausgestreckt und der Oberkörper weit nach links gedreht wird. Daher sollte genügend Abstand zum nächsten Sitznachbarn bestehen.

In einer weiteren Spielrunde reichen die Teilnehmer das Ringlein rechtsherum weiter.

Schwieriger wird das Spiel, wenn die Teilnehmer zwischendurch einen Richtungswechsel einbauen.

Ringlein, Ringlein, du musst wandern

Ringlein, Ringlein, du musst wandern
von der einen Hand zur andern.
Das ist schön, das ist schön,
Ringlein, lass dich nur nicht sehn.

Melodie und Text: volkstümlich

Ringe werfen

Sollten Sie ein Ringwurf-Spiel besitzen oder es in Ihrer Einrichtung vorhanden sein, können Sie dies gut im Anschluss an die Geschichte zum Einsatz bringen.

SIGNAL-
GESCHICHTEN

Sommerfest im Park

Bei dieser Geschichte ist die Merkfähigkeit gefragt. Die Zuhörer sollen zu bestimmten Signalwörtern, die im Text hervorgehoben sind, Bewegungen ausführen. Es empfiehlt sich, diese Bewegungen vorher einmal gemeinsam vorzunehmen. Hilfreich ist für die Zuhörer, wenn Sie die Gesten während des Vorlesens ausüben und die Signalwörter besonders betonen.

Die Bewegungen

- **Würstchen** = *beide Arme mit leicht geöffneten Händen ausstrecken und übereinander hin und her drehen*
- **Kartoffel** = *die Fingerspitzen beider Hände berühren sich und zeigen so eine dicke Kartoffel*
- **Schnitzel** = *mit beiden Händen eine Schneidebewegung machen*
- **Salat** = *den Oberkörper nach vorne beugen und so weit wie möglich mit den Händen auf den Boden reichen, als wollte man Salat pflücken*
- **Flamme** = *die Arme angewinkelt vor den Körper und die Handflächen nach außen halten, als wollte man sich schützen*

„Kommen Sie vorbei! Besuchen Sie unser Sommerfest im Park! Wir haben für Sie die besten Grillmeister weit und breit eingeladen. Er bereitet die besten **Würstchen** zu und **Schnitzel** der Extraklasse, die ihresgleichen suchen!", ertönte es aus dem Radio in der Küche von Erwin und Marita.
„Da könnten wir doch hingehen", schlug Marita vor. „Ich habe schon lange nichts mehr vom Grill gegessen und so ein **Würstchen** würde mir auch schmecken."
Erwin sah sie erstaunt an. „Wir haben doch erst vor zwei Wochen gegrillt. Ich kann heute noch keine **Schnitzel** sehen. Und dass es keine **Würstchen** gab, lag nicht an mir."
Marita seufzte. Ihr Mann hatte ja Recht. Sie hatte vergessen, die **Würstchen** zu besorgen. „Trotzdem!", sagte sie daher nur. „Wir sollten uns da sehen lassen. Soviel ich weiß, ist dein Freund Karlheinz fürs Grillen der **Schnitzel** zuständig."
„Glaub aber nicht, dass ich deswegen eins esse", entgegnete Erwin. „Aber von mir aus, lass uns hingehen. Ein **Würstchen** schaffe ich auch nach der Suppe noch."
Marita räumte das Geschirr vom Mittagessen ab. Wie gut, dass sie nur eine Hühnersuppe gekocht hatte. Eigentlich sollte es Toast Hawaii geben, aber sie hatte keine Ananas im Haus.
Auf dem Weg in den Park erklärte Erwin erneut:
„**Schnitzel** esse ich nicht! **Würstchen**, ja, am liebsten mit einem dicken Klecks Senf. Aber geh mir weg mit **Schnitzeln**."

Dann kamen sie im Park an. Schon von Weitem erkannte Marita ihre Nachbarin Angelika mit einer Schürze hinter dem Stand, an dem **Salate** angeboten wurden. „Ich begrüße mal eben Angelika", sagte sie.

„Dann sag ich Karlheinz guten Tag und wir treffen uns später, um **Würstchen** zu essen."

Marita ging zum Büfett, an dem nicht nur grüner **Salat** hübsch angerichtet auf die Besucher wartete. Einen aus Möhren gab es und aus Gurken, natürlich auch einen **Salat** aus frischen **Kartoffeln**, mit viel Mayonnaise, wie Marita ihn gerne mochte.

„Ich wusste gar nicht, dass du dich hier beteiligst", begrüßte sie die Nachbarsfrau.

„Ist doch für einen guten Zweck", antwortete Angelika. „Und ich mache für mein Leben gern **Salat**. Wenn es nach mir ginge, könnte ich ihn den ganzen Tag essen und zubereiten."

Marita lachte. So sah es im Garten der Nachbarn auch aus. Sie tauschten noch ein paar Rezepte aus für verschiedene **Salate**. Dann eilte Marita zum Stand, an dem die **Würstchen** über offener **Flamme** am Spieß gegrillt wurden. Sie wollte Erwin nicht zu lange warten lassen, um ihn nicht zu verärgern.

An dem Stand gab es zwar viele **Würstchen**, doch von Erwin war weit und breit nichts zu sehen. Sicher hatte er sich mit Karlheinz verquatscht.

Und da hieß es immer, Frauen würden so viel reden. Die das behaupteten, kannten ihren Erwin und seinen Kumpel Karlheinz nicht.

Marita warf noch einen Blick auf die **Flamme**, über der die Spieße gedreht wurden. Das sah wirklich verlockend aus und roch sehr gut. Dann ging sie zu dem Stand mit den **Schnitzeln**.

Sie traute ihren Augen nicht, als sie ihren Mann sah. Er lehnte an einem Stehtisch, hielt Messer und Gabel in der Hand und schob gerade ein Stück **Schnitzel** in den Mund, als Marita ihn entdeckte.
„Aber glaub nicht, dass ich ein **Schnitzel** esse", äffte Marita ihren Mann nach.
Erwin zog bedauernd die Schultern hoch. „Die sahen so lecker aus und eines hat förmlich gerufen: ‚Iss mich!' Da konnte ich nicht widerstehen."
Marita lachte. „Dann gib mir auch eins, Karlheinz", sagte sie. „Die **Würstchen** laufen nicht fort. Und zum Glück gab es heute Mittag nur Suppe. Da ist noch ein bisschen Platz im Bauch."
Nachdem sie einträchtig ihre **Schnitzel** verspeist hatten, betrachteten sie eine Zeit lang die orange flackernde **Flamme** und teilten sich ein **Würstchen**.
Auf ein Stück Kuchen als Nachtisch verzichteten sie allerdings und gingen satt und zufrieden nach Hause.

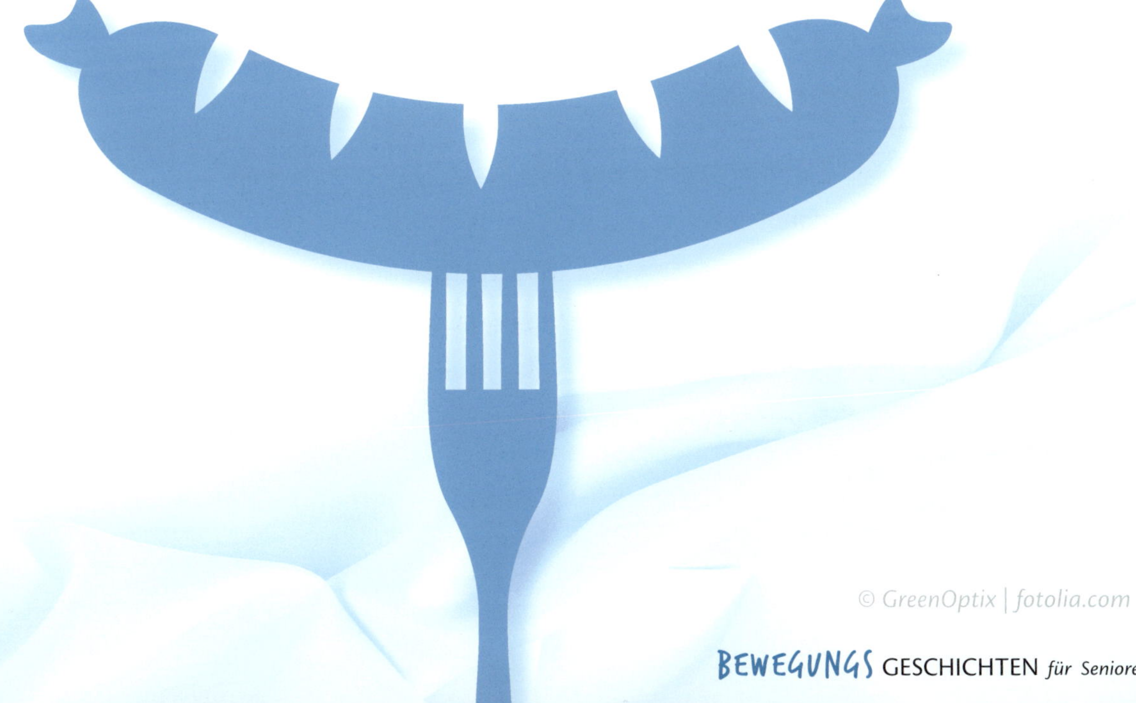

Das kleine Blümchen

Bei dieser Geschichte ist die Merkfähigkeit gefragt. Die Zuhörer sollen zu bestimmten Signalwörtern, die im Text hervorgehoben sind, Bewegungen ausführen. Es empfiehlt sich, diese Bewegungen vorher einmal gemeinsam vorzunehmen. Hilfreich ist für die Zuhörer, wenn Sie die Gesten während des Vorlesens ausüben und die Signalwörter besonders betonen.

Die Bewegungen

- **Gießkanne** = *die rechte Hand vor dem Körper hin und her bewegen, als würde man Blumen gießen*
- **Unkraut** = *mit den Händen seitlich auf den Boden fassen, als wollte man Unkraut entfernen*
- **Blume** = *den Oberkörper hin- und herbewegen wie eine Blume im Wind*
- **Rasen** = *die Füße abwechselnd anheben, als ginge man über einen Rasen*
- **Harke** = *die Daumen aneinanderlegen, die Handflächen zeigen nach unten; die Finger spreizen wie zu einer Harke und die Hände auf und ab bewegen*

Erfreut sah Gertrud aus dem Fenster. Die Sonne schien vom blauen Himmel und die letzten Schneereste hatten sich verzogen. Das wurde aber auch Zeit. Schließlich war in zwei Wochen Ostern und bis dahin sollten in ihrem Garten **Blumen** blühen und der **Rasen** sollte schön grün leuchten. Bis jetzt wucherte das **Unkraut** und es wurde Zeit, dass sie ihm mit ihrer **Harke** den Garaus machte.

Die Pflanzen warteten auf eine Dusche mit der **Gießkanne**. Seit Jahren schon nutzte sie extra lauwarmes Wasser, damit ihre **Blumen** sich wohlfühlten.

Eilig zog Gertrud die Gartenlatschen und Handschuhe an und rückte dem **Unkraut** zu Leibe. Eine überflüssige Pflanze nach der anderen wanderte auf einen großen Haufen auf dem **Rasen**. Die würde sie mit der **Harke** zusammenkehren und entsorgen. Doch jetzt waren zuerst die **Blumen** dran, die sich bei der ersten Sonne aus dem Boden hervorwagten.

Gertrud nahm die **Gießkanne** und verteilte das lauwarme Wasser an die Pflanzen.

„Was machst du da?", erkundigte sich das Nachbarskind, das plötzlich auf dem **Rasen** erschien. Es war noch klein, obwohl es bereits fünf Jahre alt war.

„Ich gieße die **Blumen**", antwortete Gertrud und wedelte mit der **Gießkanne**.

„Warum?", wollte das Kind wissen und beugte sich zu den **Blumen** hinunter, die man eher erahnen als sehen konnte.

„Damit sie wachsen und groß werden", erklärte Gertrud und wandte sich wieder den Pflanzen zu. Jede **Blume** erhielt ein paar Tropfen aus der **Gießkanne**. Dabei begrüßte Gertrud jede einzelne wie eine Freundin. Über die Pflege vergaß Gertrud das Kind. Erst als sie das **Unkraut** mit der **Harke** einsammeln wollte, fiel es ihr wieder ein. Sie blickte sich um. So leise, wie das Kind gekommen war, so still war es auch wieder gegangen. Seltsam. Sonst stand es manchmal stundenlang auf dem **Rasen**. Gertrud schichtete das **Unkraut** zu einem grünen Berg auf, ehe sie es in ihrem Komposter versenkte. Zufrieden stellte sie sich an den Rand des **Rasens** und betrachtete die Anfänge der **Blumen**, die nicht mehr durch **Unkraut** belästigt wurden. Schön!

Da hörte sie einen lauten Schrei aus dem Nachbarsgarten. Sofort stellte sie die **Gießkanne** ab und wäre auf dem Weg fast über die **Harke** gestolpert.

Als sie den **Rasen** im Garten nebenan betrat, musste sie fast lachen. Da stand das Nachbarskind in seiner Regenkleidung und den Gummistiefeln und hielt sich den Wasserschlauch über den Kopf.

„Bist du verrückt!“, schimpfte die Nachbarin, die eine **Harke** trug. „Ich habe wirklich genug zu tun mit all dem **Unkraut**. Da musst du nicht noch solchen Unfug machen.“

Gertrud hatte Mitleid mit der Nachbarin, denn deren Kind war pitschnass trotz der Regenkleidung.

„Was machst du da?“, fragte sie das Kind.

„Ich gieße mich“, antwortete es und sah Gertrud und die Mutter ernst an.

Die Mutter legte die **Harke** beiseite. Sie hastete über den **Rasen**, um den Wasserschlauch abzustellen. „Ich sag’s ja, du bist verrückt geworden, geh sofort ins Haus“, sagte sie.

„Aber ich möchte doch wachsen“, erklang die Stimme des Kindes, dem Weinen nahe. „Gertrud gießt ihre **Blumen** auch mit Wasser, damit sie wachsen. Ich konnte die **Gießkanne** nicht über meinen Kopf kriegen, deshalb habe ich den Schlauch genommen.“

Die Mutter sah das Kind an. Sie war sprachlos. Auch Gertrud wusste nicht, was sie darauf erwidern sollte. Dann kam ihr eine Idee.

Während die Mutter das Kind an die Hand nahm, damit es sich umziehen konnte, sagte Gertrud: „Aber die kleinsten **Blümchen** sind doch die schönsten. Es ist nicht gut, wenn alle **Blumen** groß werden."

Das Kind sah sich um und seufzte: „Dann bleibe ich ein kleines **Blümchen**."

Frisch gestrichen

Bei dieser Geschichte ist die Merkfähigkeit gefragt. Die Zuhörer sollen zu bestimmten Signalwörtern, die im Text hervorgehoben sind, Bewegungen ausführen. Es empfiehlt sich, diese Bewegungen vorher einmal gemeinsam vorzunehmen. Hilfreich ist für die Zuhörer, wenn Sie die Gesten während des Vorlesens ausüben und die Signalwörter besonders betonen.

Die Bewegungen

- **Wand** = *mit der geöffneten Hand auf und ab und von links nach rechts in die Luft „streichen"*
- **Teppich** = *sich vorbeugen, die Arme mehrmals ausstrecken und die Finger dabei nach vorne bewegen, als wollte man einen Teppich ausrollen*
- **Möbel** = *die Hände vor dem Körper zu einem weiten Kreis schließen und die Schultern hin- und herbewegen, als würde man ein Möbelstück tragen*
- **Pause** = *mit der Hand eine Flasche andeuten, die an den Mund geführt wird, und den Kopf in den Nacken legen, als würde man die Flasche leer trinken*
- **Nagel** = *die linke Hand senkrecht als „Wand" in Augenhöhe halten und mit der rechten, zur Faust geballten Hand darauf klopfen, als wollte man einen Nagel in die Wand schlagen*

Dorothea und Theo hatten entschieden, dass ihre Wohnung nach 30 Jahren endlich renoviert werden musste.
Dorothea hatte einen neuen **Teppich** ausgewählt und Theo hatte einen Malermeister engagiert, der die **Wände** anstreichen sollte. Er hatte ihm genau aufgeschrieben, welche Farbe sie bekommen sollten: ein Grau, das silbern schimmerte.
Dorothea nahm die Bilder von der **Wand** und Theo zog mit der Zange einen **Nagel** nach dem anderen heraus. Die **Möbel** kamen ins Schlafzimmer und gemeinsam zerrten sie an dem alten **Teppich**.
Gerade als sie eine **Pause** machen wollten, trafen die Maler ein. Zusammen beendeten sie die Vorbereitungen. Nun konnten die Maler die **Wände** streichen und der Boden konnte verlegt werden.
„Wir sind nebenan", erklärte Dorothea dem Malermeister. „Für die **Pause** habe ich Ihnen Bier und Schnittchen bereitgestellt." Sie zeigte auf den reichlich gedeckten Tisch in der Küche.
Nach einem letzten Blick auf die schmuddeligen **Wände** und den alten **Teppich** ging Dorothea mit Theo zu den Nachbarn. Dort spielten sie Karten.
„Lass uns eine **Pause** machen und sehen, wie weit die Handwerker sind", bat Dorothea nach einiger Zeit.
Im gleichen Augenblick erschien der Malermeister. „Wir sind fertig!", sagte er. „Und die **Möbel** haben wir auch schon wieder eingeräumt."

Dorothea und Theo verabschiedeten sich von den Nachbarn und gingen in ihre Wohnung. Sie öffneten die Tür zur guten Stube und trauten ihren Augen nicht. Da lag der neue **Teppich** und da standen die alten **Möbel** – vor hellgrünen Wänden.

„Aber die **Wände** sollten doch grau werden wie der **Teppich**", stammelte Theo. Der Maler starrte ihn an. „Auf dem Zettel stand: hellgrün, das weiß ich ganz genau."

Die drei betrachteten den Zettel, den er aus der Tasche zog. Aus den Zeichen hinter dem „gr" konnte man sowohl grau als auch grün lesen.

„Dann wohnen wir eben im Grünen", entschied Dorothea. „Noch einmal räume ich die **Möbel** nicht aus. Das bleibt so!"

Theo setzte sich neben sie auf das Sofa und sah sich um. „Das sieht aus wie im Wald", fand er und zwinkerte seiner Frau zu. „Dann muss ich sonntags gar nicht mehr im Wald spazieren gehen."

© raven | fotolia.com

Weitere Bewegungsanregungen

Viele Senioren kennen das Lied „Wer will fleißige Handwerker sehen" noch aus ihrer Kindheit. Je nach Gruppe können Sie die Bewegungen mit den Teilnehmern erarbeiten oder die vorgegebenen nutzen. Bei Bedarf sollten Sie das Wort „Kinder" durch „Nachbarn" ersetzen, um den kindlichen Aspekt zu reduzieren.

Wer will fleißige Handwerker sehn

1.–5. Wer will fleißige Handwerker sehn, der muss zu uns Kindern gehn.

1. |:Stein auf Stein, Stein auf Stein, das Häuschen wird bald fertig sein. :|
(die Handfläche abwechselnd auf den Handrücken der anderen Hand legen)

2. |:Tauchet ein, tauchet ein, der Maler streicht die Wände fein. :|
(die Hände zuerst in Richtung Fußboden und dann in die Höhe bewegen)

3. |:Zisch, zisch, zisch, zisch, zisch, zisch, der Tischler hobelt glatt den Tisch. :|
(beide Fäuste übereinanderlegen und vor dem Bauch hin- und herbewegen)

4. |:Poch, poch, poch, poch, poch, poch, der Schuster schustert zu das Loch. :|
(eine Hand ausstrecken und mit der anderen darauf klopfen)

5. |:Rühre ein, rühre ein, der Kuchen wird bald fertig sein. :|
(eine Hand als Schüssel vor den Bauch halten und mit der anderen eine Rührbewegung machen)

Melodie und Text: volkstümlich, verkürzte Version

Wenn der Hahn nicht kräht

Bei dieser Geschichte ist die Merkfähigkeit gefragt. Die Zuhörer sollen zu bestimmten Signalwörtern, die im Text hervorgehoben sind, Bewegungen ausführen. Es empfiehlt sich, diese Bewegungen vorher einmal gemeinsam vorzunehmen. Hilfreich ist für die Zuhörer, wenn Sie die Gesten während des Vorlesens ausüben und die Signalwörter besonders betonen.

Die Bewegungen

- **Traktor** = *mit beiden Händen ein Lenkrad andeuten und es bewegen*
- **Hühner** = *beide Arme gleichzeitig zunächst vor die Brust halten, dann schwungvoll ausstrecken und die Hände öffnen, als wollte man Körner streuen*
- **Kuh** = *beide Hände vor dem Körper asynchron auf und ab bewegen und dabei schließen und öffnen, als würden sie melken*
- **Möhren** = *den Oberkörper nach vorne bewegen, die Hände ausstrecken und versuchen, auf den Boden zu kommen, als wollte man Möhren aus der Erde ziehen*
- **Pferd** = *die Arme anwinkeln und wie beim Reiten eng an den Körper drücken und mit leicht geöffneten Händen auf und ab bewegen*

Sonst wird Walter stets geweckt, wenn der Hahn morgens kräht und die **Hühner** ihre Antwort gackern.
Aber heute ist alles anders. Da ist es das laute Muhen einer **Kuh**, das ihn aus dem Schlaf reißt. Als Antwort wiehert ein **Pferd** und er fragt sich, was auf seinem Hof los ist.
Zum Glück dämmert es draußen schon. Er steht auf und steckt eine **Möhre** für sein **Pferd** Emma ein. Früher musste Emma noch den Pflug ziehen, aber heute hat er einen **Traktor** und Emma kann ihren Ruhestand genießen.
Wenn Walter das nur auch könnte! Doch seine Tiere, sein **Traktor** und die riesigen Felder wollen betreut werden.
Walter geht in den Stall und tätschelt allen **Kühen** zur Begrüßung die Flanken. Ein Platz ist leer. Da, wo sonst die **Kuh** Berta steht, ist nichts. Dabei weiß er genau, dass Berta am Abend zuvor dort gestanden hatte.
Er rennt eilig nach draußen, wo ihm die **Hühner** vor die Füße laufen.
„Was macht ihr denn hier?“, fragt er sie und erkundigt sich auch gleich: „Habt ihr Berta gesehen?“
Die **Hühner** gackern nur und folgen Walter, während er den Hof absucht.
Er schaut hinter den **Traktor** und in das Feld. Seine **Kuh** liebt **Möhren** über alles. Aber dort ist Berta ebenso wenig wie in den anderen Ställen.
Walter fällt auf, dass auch sein Hund nicht wie sonst am Hoftor liegt.
„Hasso!“, ruft er, immer noch gefolgt von den **Hühnern**, die hungrig nach seinen Füßen picken.

Keine Reaktion von seinem Hund. Walter stellt den **Traktor** an und knattert vom Hof, um auf der Weide nach dem Rechten zu sehen. Da kann er gleich prüfen, ob sein **Pferd** noch genug Wasser hat.

Als er sich der Wiese nähert, traut er seinen Augen nicht. Da stehen das **Pferd** Emma, die **Kuh** Berta und sein Hofhund Hasso einträchtig nebeneinander. Aus Bertas Maul hängt das Grün einer **Möhre**. Walter ahnt, was sie auf die Wiese getrieben hat. Hier gibt es immer **Möhren** als Leckerbissen für Emma. Hasso steht neben Berta und bellt. Auch wenn Walter es nicht verstehen kann, klingt es doch wie: „Du blöde **Kuh**, komm endlich mit auf den Hof. Das hier ist nur für **Pferde**."

Walter steigt von seinem **Traktor** und treibt die Tiere zurück auf den Hof. Gerade als sie durch das Tor gehen, kräht der Hahn, um zu zeigen, dass jetzt das Tagwerk beginnt.

Weitere Bewegungsanregungen

Spiel: „Ich war mal auf dem Bauernhof"

Dieses Spiel ist eine Abwandlung des Merkspiels „Ich packe meinen Koffer". Die Begriffe werden durch Bewegungen ergänzt und alle Teilnehmer machen die Bewegungen mit. Der Spielleiter beginnt und sagt: „Ich war mal auf dem Bauernhof und da sah ich einen Traktor." und deutet mit beiden ausgestreckten Armen einen großen Traktor an. Die Teilnehmer ahmen die Bewegung nach. Er gibt weiter an den rechten Nachbarn. Der nächste Spieler muss den Satz und den Gegenstand des Spielleiters samt der Bewegung wiederholen und einen eigenen Begriff hinzufügen. Er sagt z. B.: „Ich war mal auf dem Bauernhof und da sah ich einen großen Traktor *(Arme weit ausstrecken)* und eine Katze *(Schnurrhaare andeuten)*. Der Spielleiter und die anderen Teilnehmer deuten ebenfalls den Traktor an und dann auch die Schnurrhaare der Katze. Wieder wird an den nächsten Nachbarn weitergegeben, der die Reihe der Begriffe und Bewegungen erweitert.

Auch wenn hier die Merkfähigkeit betont wird, steht doch der Spaß im Vordergrund, sollte also jemand ein Tier oder einen Gegenstand vergessen, darf das getrost übergangen werden. Das Spiel kann gespielt werden, bis alle sich einen Begriff ausgedacht haben. Wenn die Gruppe jedoch größer als sechs Teilnehmer ist oder die Teilnehmer kognitiv eingeschränkt sind, sollte vorher geklärt werden, wann das Spiel zu Ende ist.

Fahrt in den Mai

Bei dieser Geschichte ist die Merkfähigkeit gefragt. Die Zuhörer sollen zu bestimmten Signalwörtern, die im Text hervorgehoben sind, Bewegungen ausführen. Es empfiehlt sich, diese Bewegungen vorher einmal gemeinsam vorzunehmen. Hilfreich ist für die Zuhörer, wenn Sie die Gesten während des Vorlesens ausüben und die Signalwörter besonders betonen.

Die Bewegungen

- **Fahrrad** = *die Arme anwinkeln, Ellbogen an den Oberkörper legen und die leicht geöffneten Hände parallel nebeneinander nach vorne strecken und hin und her bewegen*
- **Luftpumpe** = *die linke, leicht geöffnete Faust diagonal zur rechten, leicht geöffneten Faust führen, als würde man einen Fahrradreifen mit einer Handpumpe aufpumpen*
- **links** = *den linken Arm mit gestreckter Hand zur linken Seite ausstrecken und dabei nach links schauen*
- **rechts** = *den rechten Arm mit gestreckter Hand zur rechten Seite ausstrecken und dabei nach rechts schauen*
- **Berg** = *beide Beine ausstrecken und die Fußspitzen auf und ab bewegen*

Zu den Ereignissen, die Maria liebte, gehörte die Fahrt in den Mai. Jedes Jahr am 1. Mai wurden die **Fahrräder** mit Birkenzweigen geschmückt und es ging übers Land. Vorher wurden mit der alten **Luftpumpe** die Reifen aufgeblasen. Dann ging es los.

Maria erinnerte sich besonders an eine Tour, bei der sie einen **Berg** überwinden mussten und ihr Verlobter Siegfried einen Platten hatte. Gut gelaunt war jeder auf seinem hübsch geschmückten **Fahrrad** losgefahren. Sie fuhren eine ganze Weile die Straße entlang.

„Wir müssen **links** abbiegen", rief Siegfried plötzlich. Dabei war Maria sich sicher, dass sie **rechts** abbiegen mussten, um zum ersten Rastplatz zu gelangen. Aber sie wollte keinen Streit und so folgte sie ihm in die **Linkskurve**. Schon sauste sie den Berg hinunter. Vor Schreck hob sie die Füße von den Pedalen, fing sich aber schnell wieder. Eigentlich war so eine Abfahrt schön. Die warme Luft strich über die Wangen.

„Ich glaube, wir mussten doch **rechts** abbiegen", empfing Siegfried sie am Fuß des **Berges**. Sie sahen nach oben. Keiner hatte Lust, mit dem **Fahrrad** wieder hinaufzufahren.

„Dann radeln wir eben woanders hin", schlug Maria vor. „Da vorne können wir **links** abbiegen, mal sehen, wo wir landen."

Siegfried stimmte ein und sie fuhren mit ihren Fahrrädern einträchtig nebeneinander her. Sie bogen **links** ein und dann wieder **rechts**, bis es plötzlich „pffft" machte.

„Ich bin über eine Scherbe gefahren", ärgerte sich Siegfried. Sein Hinterreifen hatte keine Luft mehr.
Maria sah zu, wie er versuchte, den Hinterreifen aufzupumpen. Doch wann immer er den Reifen mit der **Luftpumpe** aufgeblasen hatte, entwich die Luft wieder.
„Dann müssen wir unsere Räder wohl schieben", stellte Siegfried fest und stöhnte.
Maria schmunzelte. „Ich habe eine bessere Idee. Wir stellen dein Fahrrad dort an den Baum und schließen es ab. Das können wir heute Abend holen und nach Hause schieben. Jetzt fahren wir abwechselnd auf meinem Fahrrad. Zuerst fährt der eine, dann fährt der andere."
Siegfried sah sie verständnislos an. „Das ist ja, als würde man neben einem Pferd herlaufen." Er wedelte mit der **Luftpumpe**. „Und das soll meine Peitsche sein, oder wie?" Er betrachtete Marias Drahtesel. „Blöd, dass dein **Fahrrad** keine Stange hat, dann könnte ich darauf mitfahren."
Maria lachte. „Bloß nicht. Das ist schon einmal schiefgegangen. Wir machen es so. Ich fahre, bis ich links abbiegen kann. Da stelle ich das **Fahrrad** ab und gehe weiter. Du gehst das Stück, bis du es erreicht hast, und fährst an mir vorbei, bis du rechts abbiegen kannst. Dort stellst du das **Fahrrad** ab und gehst weiter. Wenn ich es erreicht habe, fahre ich ein Stück, bis ich wieder **links** abbiegen kann."
Siegfried grinste. „Das klingt gut und aufregend, weil wir nicht wissen, wo wir ankommen."
Maria nickte zufrieden und sie machten sich auf den Weg. Es dauerte nicht lange, da hatten sie den ersten Hof erreicht, an dem sie etwas essen und trinken konnten. Und der Bauer versprach ihnen, Siegfrieds **Fahrrad** mit dem Traktor zu holen. Das war wirklich ein ganz besonderer 1. Mai.

GESCHICHTEN MIT DEM SPRUCH

Abenteuerliche Schlittenfahrt

In dieser Geschichte gibt es einen Satz, den die Zuhörer mit passenden Bewegungen begleiten sollen. Führen Sie diese Bewegungsabläufe einmal vor, ehe Sie mit dem Vorlesen beginnen, und führen Sie sie aus, während Sie den Satz vorlesen.

Schlüsselsatz

„Kommt her, kommt her, der Schlitten ist leer."

Bewegungsabfolge

- **Kommt her, kommt her** = *beide Arme anwinkeln und leicht an den Oberkörper legen, die offenen Handflächen zeigen nach oben, die Finger sind leicht angewinkelt; die Hände mehrmals parallel zueinander ausstrecken und zum Körper führen, als wollte man jemanden anlocken*
- **der Schlitten** = *die Arme mit den Handflächen nach oben an die Seite führen, um einen großen Schlitten anzudeuten*
- **ist leer** = *die Hände neben dem Körper mehrmals zur Faust ballen und wieder öffnen, sodass die Handflächen „leer" nach oben zeigen*

„Kommt her, kommt her, der Schlitten ist leer", ruft Karl und setzt sich auf den Schlitten. Ehe die anderen ihn erreicht haben, saust er los, den Berg hinab. Mitten auf der Bahn liegt ein Schuh. Er kann nicht ausweichen und kippt mit dem Schlitten um.

„Kommt her, kommt her, der Schlitten ist leer", spottet Isolde, die ihm auf dem Hosenboden hinterhergerutscht ist. Sie greift das Seil des Schlittens und stapft den Berg hinauf.

Karl stampft wütend hinter ihr her und erreicht Isolde oben am Berg.

„Das ist mein Schlitten", schimpft er und gibt Isolde einen Schubs.

„Du hast doch gerufen: **‚Kommt her, kommt her, der Schlitten ist leer'**", entgegnet Isolde empört und schubst zurück. „Dann hättest du gleich allein rodeln können."

Als sie Karl geschubst hat, ist ihr das Seil des Schlittens aus den Händen gerutscht. Während die beiden streiten, nähert sich Karls kleine Schwester. Sie schnappt sich das Seil und ruft: **„Kommt her, kommt her, der Schlitten ist leer."**

Sofort ist sie von ihren Freundinnen umringt.

Drei Mädchen sausen den Berg hinab und johlen *(zusätzlich: den Kopf schütteln)*:

„Kommt her, kommt her,
der Schlitten ist nicht mehr leer."

Weitere Bewegungsanregungen

Stimmen Sie das folgende Lied an und führen Sie dazu gemeinsam die in Klammern erläuterten Bewegungen aus. Sicherlich kennen die meisten Senioren das Lied und können es mitsingen.

Winter, ade!

1. Winter, ade! *(mit der Hand winken)*
Scheiden tut weh. *(beide Hände aufs Herz legen)*
Aber dein Scheiden macht, *(die Hand mit ausgestrecktem Zeigefinger schütteln)*
dass mir das Herze lacht. *(den Oberkörper hin- und herbewegen und dabei lächeln)*
Winter, ade! *(mit der Hand winken)*
Scheiden tut weh. *(beide Hände aufs Herz legen)*

2. Winter, ade! *(mit der Hand winken)*
Scheiden tut weh. *(beide Hände aufs Herz legen)*
Gerne vergess ich dein, *(mit den Händen vor der Stirn wischen)*
kannst immer ferne sein. *(die Arme mit offenen Handflächen weit ausstrecken)*
Winter, ade! *(mit der Hand winken)*
Scheiden tut weh. *(beide Hände aufs Herz legen)*

3. Winter, ade! *(mit der Hand winken)*
Scheiden tut weh. *(beide Hände aufs Herz legen)*
Gehst du nicht bald nach Haus, *(die Arme anwinkeln, die offenen Hände vor die Brust und dann nach außen bewegen)*
lacht dich der Kuckuck aus. *(den Oberkörper hin- und herbewegen und dabei lächeln)*
Winter, ade! *(mit der Hand winken)*
Scheiden tut weh. *(beide Hände aufs Herz legen)*

Melodie: Volksweise aus dem 18. Jahrhundert
Text: August Heinrich Hoffmann von Fallersleben (1798–1874), 1835

Spiel: „Schneesturm"

Für dieses Spiel werden Wattebällchen benötigt. Es kann zur Stärkung der Mund- oder Feinmotorik eingesetzt werden. Die Teilnehmer sollten um einen Tisch herum sitzen. Jeder Teilnehmer erhält ein Wattebällchen und legt es vor sich auf den Tisch.

Zur Stärkung der Feinmotorik wird das Wattebällchen nun mit Daumen und Zeige- oder Ringfinger über den Tisch geschnipst.

Zur Stärkung der Mundmotorik wird es über den Tisch gepustet.

Der Spielleiter gibt das Signal: „Der Schneesturm setzt ein!" und alle schnipsen oder pusten ihr Wattebällchen gleichzeitig. Je mehr Teilnehmer mitmachen, umso besser.

In Nachbars Garten

In dieser Geschichte gibt es einen Satz, den die Zuhörer mit passenden Bewegungen begleiten sollen. Führen Sie diese Bewegungsabläufe einmal vor, ehe Sie mit dem Vorlesen beginnen, und führen Sie sie aus, während Sie den Satz vorlesen.

Schlüsselsatz

„Oben im Baume hängt eine Pflaume."

Bewegungsabfolge

- **Oben** = *die Hände nach oben strecken*
- **im Baume** = *die Hände in Wellenbewegungen nach unten führen, als wollte man einen Laubbaum malen*
- **hängt** = *mit den Fingerspitzen der rechten Hand einen vertikalen „Strich" in die Luft ziehen*
- **eine Pflaume** = *mit Daumen und Zeigefinger der linken Hand eine Pflaume andeuten*

„Komm!“, flüstert Felix seinem Bruder Heinz zu.

„Oben im Baume hängt eine Pflaume!“

Heinz schaut in die Richtung, in die Felix zeigt. Tatsächlich. Da, auf dem Grundstück des Nachbarn. **Oben im Baume hängt eine Pflaume.** Ach was, da hängen viele Pflaumen und die sehen sehr lecker aus.

Die Jungen schleichen sich in den Garten des Nachbarn. Felix klettert als Erster auf den Baum. Kaum sitzt er oben und will die Pflaumen hinunterwerfen, hören die Jungen die Stimme des Nachbarn.

„Oben im Baume hängt eine Pflaume“, erklingt die tiefe Stimme des Mannes.

„Es wird Zeit, dass die Pflaumen geerntet werden. Aber ich muss das Bett hüten nach der Grippe.“

„Ich kümmere mich darum“, sagt eine Frau, deren Stimme genauso klingt wie die der Lehrerin in ihrer Schule. Wenn das nur keinen Ärger gibt.

Der Nachbar steht mit dem Rücken zum Baum.

Die Frau mit der Lehrerinnenstimme schaut in den Baum. Sie grinst, als sie sagt: „Sie haben Recht. **Oben im Baume hängt eine Pflaume.** Wenn das mal nicht sogar zwei sind.“ Sie zwinkert den Jungen zu und dann verwickelt sie den Mann in ein Gespräch. Hinter dem Rücken der beiden klettert Felix schnell vom Baum. Die Jungen verschwinden. Immerhin hat Felix für jeden eine Pflaume stibitzen können. Aber trotzdem stimmt noch, was Heinz und Felix wenig später lachend flüstern: **„Oben im Baume hängt eine Pflaume.“**

Weitere Bewegungsanregungen

Dieses Lied kennen viele Senioren noch aus ihrer Jugendzeit. Zu einzelnen Elementen des Liedes werden Bewegungen ausgeführt. Gehen Sie diese vor dem Singen einmal durch.

Spannenlanger Hansel

1. Spannenlanger Hansel, nudeldicke Dirn,
gehn wir in den Garten, schütteln wir die Birn'.
Schüttle ich die großen, schüttelst du die klein',
wenn das Säcklein voll ist, gehn wir wieder heim.

2. Lauf doch nicht so närrisch, spannenlanger Hans!
Ich verlier die Birnen und die Schuh noch ganz.
Trägst ja nur die kleinen, nudeldicke Dirn,
und ich schlepp den schweren Sack mit den großen Birn'.

Melodie und Text: volkstümlich

Die Bewegungen

1. **Spannenlanger Hansel** = *die Arme soweit wie möglich nach oben strecken*
   nudeldicke Dirn = *mit beiden Händen vor dem Körper einen Bauch andeuten*
   gehn wir in den Garten = *mit dem rechten Arm andeuten, dass man sich unterhakt*
   schütteln wir die Birn' = *beide Hände vor dem Körper rasch vor- und zurückbewegen, als würde man einen Baum schütteln*
   Schüttle ich die großen = *mit Daumen und Zeigefinger einen Halbkreis andeuten*
   schüttelst du die klein' = *Daumen und Zeigefinger auf ca. 2 cm Abstand zueinanderbringen*
   wenn das Säcklein voll ist = *die Hände ineinanderlegen*
   gehn wir wieder heim = *die Füße abwechselnd anheben*

2. **Lauf doch nicht so närrisch** = *die Arme seitlich wie zum Schunkeln anwinkeln und den Oberkörper hin- und herbewegen*
   spannenlanger Hans = *die Arme soweit wie möglich nach oben strecken*
   Ich verlier die Birnen = *abwechselnd mit der rechten und linken Hand neben sich nach unten greifen*
   und die Schuh noch ganz = *auf die Schuhe zeigen*
   Trägst ja nur die kleinen = *die Hände vor dem Gesicht aufeinander zuführen*
   nudeldicke Dirn = *mit beiden Händen vor dem Körper einen Bauch andeuten*
   und ich schlepp den schweren Sack = *die Hände ineinander auf die rechte Schulter legen*
   mit den großen Birn' = *die Arme weit ausbreiten*

Die Königin der Pudelmeister

In dieser Geschichte gibt es einen Satz, den die Zuhörer mit passenden Bewegungen begleiten sollen. Führen Sie diese Bewegungsabläufe einmal vor, ehe Sie mit dem Vorlesen beginnen, und führen Sie sie aus, während Sie den Satz vorlesen.

Schlüsselsatz

„Alle Neune, gut Holz!"

Bewegungsabfolge

- **Alle =** *die Arme mit geöffneten Händen weit ausstrecken; die Finger spreizen*
- **Neune =** *den kleinen Finger einklappen*
- **gut =** *einen Daumen in die Luft strecken; die andere Hand zur Faust ballen*
- **Holz =** *rechte und linke Hand verschränken und in einer Abwärtsbewegung einen fiktiven Holzscheit zerschlagen*

Zum ersten Mal seit Langem freute sich Franziska auf den wöchentlichen Kegelabend ihres Klubs „Die Pudelmeister". Bisher war sie immer die schlechteste Keglerin und musste mit dem Titel „Pudelmeisterin" nach Hause gehen.
„Alle Neune, gut Holz, Pudelmeisterin!", hatten sich auch letzte Woche die Kegelschwestern von ihr verabschiedet. Aber nun hatte sie trainiert. Heimlich. In der Zeitung hatte sie eine Annonce gesehen, dass jemand Kegelstunden gab. Da hatte sie sich gemeldet und schnell die erste Unterrichtsstunde genommen.
„Alle Neune, gut Holz, Pudelmeisterin!", wurde Franziska auch schon von ihrer Kegelschwester Josefa begrüßt.
„Alle Neune, gut Holz, Kegelkönigin!", quetschte Franziska hervor.
Im Stillen dachte sie: „Dir werde ich es heute zeigen."
Eine Kegelschwester nach der anderen traf ein. **„Alle Neune, gut Holz,** Pudelmeisterin!", erklang es immer wieder.
Franziska bemühte sich, das „Pudelmeisterin" hinter dem **„Alle Neune, gut Holz!"** nicht zu hören.
Endlich begannen sie, zu kegeln. Weil in wenigen Wochen Weihnachten war, ging es mit dem Tannenbaum los. Für jede Keglerin wurde ein Tannenbaum auf die Tafel gezeichnet. Als Kegelkönigin durfte Josefa beginnen und schaffte es gleich in den ersten drei Würfen, zwei Vieren und eine Acht durchzustreichen.
Pudelmeisterin Franziska war die letzte in der ersten Runde. Das war immer so. Josefa rückte schon das Sparschwein zurecht, in das die Kegelschwestern für jeden Pudel 50 Pfennig werfen mussten und auf dem groß ihr Wahlspruch stand:
„Alle Neune, gut Holz!"

Franziska konzentrierte sich, sie zielte in die rechte Ecke, um drei oder vier Kegel umzuwerfen. „Vier! Alle Achtung!", verkündete Josefa und strich die erste Zahl von Franziskas Baum durch.

Franziska peilte den rechten Kegel an und traf ihn. Die Eins an der Spitze war schon mal weg. Nun noch die Neun. Sie dachte an die Kniffe, die der Trainer ihr beigebracht hatte.

Wenig später jubelten alle mit ihr und riefen: **„Alle Neune, gut Holz!"**, als alle Kegel auf dem Boden lagen. Die erste Neun in der ganzen Runde. Das machte Franziska Mut und die Kegelschwestern neugierig. Verblüfft starrten sie auf die Tafel, als Franziskas Tannenbaum als erster von allen verschwunden war. „Mir scheint, ich muss die Krone heute an dich abgeben", meinte Josefa mit anerkennendem Nicken. Und so war es auch. Am Ende konnte Franziska den Titel der Pudelmeisterin an Edith übergeben und sich selbst mit dem Ruf **„Alle Neune, gut Holz!"** die Krone der Kegelkönigin überstülpen. Übung macht eben nicht nur den Meister, sondern manchmal auch eine Kegelkönigin.

Alle Neune, gut Holz!

Weitere Bewegungsanregungen

Spiel: „Tischkegeln“

Für ein Kegelspiel am Tisch benötigen Sie neun Spielfiguren, eine Murmel oder eine dickere Papierkugel. Sie können auch neun Plastikflaschen mit etwas Sand füllen, damit sie mehr Stand haben, und mit einem Schaumstoff- oder Tennisball kegeln.

1. Tannenbaum

Die Zahlen von 1 bis 9 werden untereinander mehrmals auf einen Zettel geschrieben, sodass sie die Form eines Tannenbaums ergeben: 1 = einmal (= Spitze), 2 = 2-mal, 3 = 3-mal bis 8 = 8-mal und am Schluss 9 = einmal als Stamm. Es geht darum, welche Mannschaft mit den wenigsten Würfen den Tannenbaum leert.

2. Fuchsjagd

Einer der Teilnehmer ist der Fuchs, die restlichen sind die Jäger. Es wird immer abwechselnd gekegelt: einmal der Fuchs, dann einer der Jäger, dann wieder der Fuchs. Der Fuchs darf mit zwei Würfen vorlegen. Die Punkte werden addiert. Ziel ist es, die gleiche Punktzahl wie der Fuchs zu erreichen, dann ist er gefangen und hat verloren.

3. Große Hausnummer

Es wird eine Tabelle angelegt mit den Namen der Teilnehmer und den Spalten H Z E (für Hunderter, Zehner, Einer). Es werden drei Runden gekegelt, nach jedem Wurf werden die gefallenen Kegel gezählt und der Kegler darf entscheiden, wo die Zahl stehen soll. Ziel ist, am Ende eine möglichst hohe Hausnummer zu besitzen. Ein Pudel, sprich: ein Fehlwurf, wird als 0 dargestellt.

Der erste Schultag

In dieser Geschichte gibt es einen Satz, den die Zuhörer mit passenden Bewegungen begleiten sollen. Führen Sie diese Bewegungsabläufe einmal vor, ehe Sie mit dem Vorlesen beginnen, und führen Sie sie aus, während Sie den Satz vorlesen.

Schlüsselsatz

Der Mond ist rund, er hat zwei Augen, Nase und Mund.

Bewegungsabfolge

- **Der Mond ist rund** = *mit der rechten Hand einen großen Kreis in die Luft zeichnen*
- **er hat zwei Augen** = *zuerst mit der rechten, dann mit der linken Hand in die Luft stechen*
- **Nase** = *beide Hände mit ausgestreckten Fingern zu einer „Nase" an den Fingerspitzen aneinanderlegen*
- **und Mund** = *die Handgelenke in Höhe des Mundes zusammenführen und die aneinanderliegenden Finger strecken*

Endlich ist Ottilies erster Schultag. Sie sitzt in der Bank neben ihrer Freundin und schaut gespannt nach vorne. Dort steht die Lehrerin vor der Tafel und malt etwas auf.

„Der Mond ist rund, er hat zwei Augen, Nase und Mund", sagt sie und malt dabei einen schönen, runden Mond mit einem freundlichen Gesicht.

„So ähnlich geht auch schreiben", erklärt die Lehrerin. „Wichtig ist, dass der Stift euch gehorcht wie ein Hund an der Leine."

Ottilie stellt sich vor, dass der Stift an der Leine zerrt wie ihr Hund Kuno. Fast hätte sie die Aufgabe verpasst. Schnell sagt sie laut mit allen anderen Kindern: **„Der Mond ist rund, er hat zwei Augen, Nase und Mund."**

Die Lehrerin malt dazu einen weiteren Mond.

„Nun seid ihr dran." Die Lehrerin schaut die Schüler an. „Holt eure Tafeln heraus und versucht es selbst einmal."

Ottilie traut sich kaum, auf die schöne, neue Tafel zu malen. Auch die Kreide glänzt noch so weiß.

„Weißt du nicht mehr, wie es geht?", fragt die Lehrerin, die plötzlich neben Ottilie steht. **„Der Mond ist rund, er hat zwei Augen, Nase und Mund"**, sagt sie erneut laut in die Klasse.

Ottilie setzt ihr Kreidestück auf die Tafel und denkt: **„Der Mond ist rund, er hat zwei Augen, Nase und Mund."** Naja, der Mond ist eher ein hart gekochtes Ei, die Augen sehen aus wie Vogelschiss, die Nase wie ein Regenwurm, aber der Mund, der ist schön. Vorsichtig wischt sie alles außer dem Mund weg und sagt sich noch einmal vor: **„Der Mond ist rund, er hat zwei Augen, Nase und Mund."**

„Das ist aber schön geworden", findet ihre Freundin, deren Mond aussieht wie ein zerlaufenes Spiegelei.

„Ich zeige es euch noch einmal." Die Lehrerin steht wieder an der Tafel und hat die ersten Monde weggewischt. **„Der Mond ist rund, er hat zwei Augen, Nase und Mund"**, wiederholt sie und malt einen Kreis mit einem Gesicht. Ottilie wischt ihren schönen Mond mit dem Schwämmchen weg und versucht es erneut. **„Der Mond ist rund, er hat zwei Augen, Nase und Mund."**
Dieses Mal klappt es sofort. Auch bei den anderen Kindern.
„Das habt ihr aber sehr schön gemacht", lobt die Lehrerin.
„Da könnten wir doch schon den ersten Buchstaben lernen.
Welchen möchtet ihr denn gerne schreiben?"
Sofort rufen manche Kinder ihren Namen in die Klasse.
„Oh, oh", sagt sie Lehrerin. „Wenn ihr im Unterricht etwas sagen möchtet, müsst ihr vorher den Finger strecken so wie Ottilie."
Ottilie ist stolz, dass sie alles richtig gemacht hat. Und dann darf sie sich auch noch wünschen, welchen Buchstaben sie schreiben.
Das O natürlich wie in Ottilie.
„Das O könnt ihr ja schon", erklärt die Lehrerin. „Es sieht aus wie der Mond. Ihr braucht also nur den Spruch aufzusagen:
Der Mond ist rund, er hat zwei Augen, Nase und Mund.
Das O hat eben nur keine Augen, keine Nase und keinen Mund."
Ottilie hätte nicht gedacht, dass Schreiben so leicht ist. Sie geht stolz nach Hause und freut sich auf den nächsten Schultag.

Weitere Bewegungsanregungen

Bewegtes Malspiel: „Der Mond ist rund“

Viele Senioren kennen noch das Malspiel, das in der Geschichte vorkommt. Die Regeln für das Malspiel auf dem Papier sind:

Der Mond ist rund, der Mond ist rund *(einen Kreis zeichnen)*
er hat zwei Augen *(zwei Punkte als Augen zeichnen)*
Nase *(einen Haken unterhalb der Augen als Nase zeichnen)*
und Mund *(einen Halbkreis unterhalb der Nase zeichnen)*

Fragen Sie die Teilnehmer, welche Varianten sie noch kennen, je nach Region wurde das Spiel ergänzt, z. B. so:

Einen Hals *(Strich)* und einen Bauch *(Kugel)*
und zwei Ohren *(zwei Haken am Kopf)* hat er auch,
Arme wie zwei Sechser *(an jeder Seite des Bauches eine 6)*,
Beine wie ein Drechsler *(Striche als Beine)*,
Haare in die Luft, *(drei Haare auf dem Kopf)*
fertig ist der Schuft.

Natürlich muss nicht unbedingt auf dem Papier gemalt werden. Für mehr Bewegung lässt sich das Spiel auch mit der Hand oder sogar mit dem Fuß in der Luft vollführen.

In Omas Beet wächst ein Ball

In dieser Geschichte gibt es einen Satz, den die Zuhörer mit passenden Bewegungen begleiten sollen. Führen Sie diese Bewegungsabläufe einmal vor, ehe Sie mit dem Vorlesen beginnen, und führen Sie sie aus, während Sie den Satz vorlesen.

Schlüsselsatz

Ich und du, Müllers Kuh, Müllers Esel, das bist du.

Bewegungsabfolge

- **Ich und du** = *abwechselnd mit beiden Zeigefingern auf sich selbst und auf ein Gegenüber zeigen*
- **Müllers** = *die Handflächen aufeinanderreiben, als wollte man Mehl mahlen*
- **Kuh** = *die leicht geöffneten Fäuste in der Luft nebeneinander auf und ab bewegen wie beim Melken*
- **Müllers** = *die Handflächen aufeinanderreiben, als wollte man Mehl mahlen*
- **Esel** = *die Arme und Beine nach vorne strecken*
- **das bist du** = *mit beiden Zeigefingern abwechselnd nach vorne zeigen*

„Kommt, wir spielen Völkerball", ruft Peter und die anderen sind gleich Feuer und Flamme. Peter und Rita dürfen die Mannschaften wählen.
„Ich und du, Müllers Kuh, Müllers Esel, das bist du", zählt Peter zwischen sich und Rita aus. Das ist wichtig, denn wer gewinnt, darf als Erster einen Spieler auswählen. Und alle wollen Fjodor, den besten Werfer der ganzen Straße.
Peter gewinnt und wählt natürlich zuerst Fjodor in seine Mannschaft. Rita zählt ihre Spieler aus: **„Ich und du, Müllers Kuh, Müllers Esel, das bist du."**
Endlich stehen beide Mannschaften fest und das Spiel beginnt. Fjodor hat gleich den ersten Spieler von Ritas Mannschaft abgeworfen. Nun ist Rita an der Reihe. Sie wirft und trifft, doch der Ball prallt so stark ab, dass er im Garten von Fjodors Oma landet. Der Ball liegt mitten im Rosenbeet. Einer muss der Oma das Missgeschick beichten.
„Ich und du, Müllers Kuh, Müllers Esel, das bist du", zählt Fjodor ab.
Rita muss bei seiner Oma klingeln. Sie zögert und läuft dann weg. Die anderen Kinder sehen sich ratlos an. Da taucht Rita wieder auf. In der Hand hält sie einen kleinen Strauß Marienblümchen.
Damit klingelt sie bei Fjodors Oma und berichtet von dem Missgeschick.
Die Oma lacht. „Aber warum hat Fjodor nichts gesagt?", will sie wissen.
„Wir haben das ausgezählt", erklärt Rita. **„Ich und du, Müllers Kuh, Müllers Esel, das bist du."**
„Der Esel ist doch Fjodor", meint die Oma und holt den Ball aus dem Beet. Und weil keines der Kinder weiß, wie der Spielstand war, zählen sie aus, wer beginnen darf: **„Ich und du, Müllers Kuh, Müllers Esel, das bist du."**

Weitere Bewegungsanregungen

Ein Netz knüpfen

Zur Nachbereitung der Geschichte eignen sich Ballspiele, z. B. das Namenspiel. Dabei muss jeder beim Werfen einen Mädchen- oder Jungennamen nennen oder – passend zur Geschichte – eine Blumenart oder ein Tier. Setzen Sie am besten einen Schaumstoffball ein, da dieser schön weich ist.

Alternativ können Sie aber auch mit einem Wollknäuel ein Netz spannen. Dabei wird ein Wollknäuel von Teilnehmer zu Teilnehmer geworfen, sodass dabei ein Netz entsteht. Als Spielleiter behalten Sie den Anfang des Wollknäuels in der Hand und werfen das Knäuel einem Teilnehmer, der gegenübersitzt, zu. Dieser hält mit der einen Hand den Faden und wirft mit der anderen Hand den Ball weiter. Da linke und rechte Hand unterschiedlich gefordert sind, fördert das Spiel auf besondere, wenn auch einfache Weise die Koordination der Hände. Je nach Schwungkraft kann ein Teilnehmer das Knäuel gegenüber oder auch nur zur Seite werfen, dadurch ist das Spiel auch in leistungsgemischten Gruppen gut spielbar.